⋯省自然科学基金面上项目"信息共享背景下认知距离与社会距离对供应⋯⋯)
⋯省教育厅青年项目"供应链企业间多重距离对合作创新绩效的影响:基⋯⋯9)

多渠道整合对企业绩效的影响研究:物流能力视角

胡琴芳　吴惠蓉◎著

吉林大学出版社

·长春·

图书在版编目（CIP）数据

多渠道整合对企业绩效的影响研究：物流能力视角 /
胡琴芳，吴惠蓉著. -- 长春：吉林大学出版社，2023.7
　ISBN 978-7-5768-1910-6

　Ⅰ. ①多… Ⅱ. ①胡… ②吴… Ⅲ. ①企业绩效—研
究 Ⅳ. ① F272.5

中国国家版本馆 CIP 数据核字（2023）第 137504 号

书　　名：多渠道整合对企业绩效的影响研究：物流能力视角
　　　　　DUOQUDAO ZHENGHE DUI QIYE JIXIAO DE YINGXIANG YANJIU：
　　　　　WULIU NENGLI SHIJIAO
作　　者：胡琴芳　　吴惠蓉
策划编辑：卢　婵
责任编辑：卢　婵
责任校对：刘守秀
装帧设计：三仓学术
出版发行：吉林大学出版社
社　　址：长春市人民大街 4059 号
邮政编码：130021
发行电话：0431-89580028/29/21
网　　址：http://www.jlup.com.cn
电子邮箱：jldxcbs@sina.com
印　　刷：武汉鑫佳捷印务有限公司
开　　本：787mm×1092mm　　1/16
印　　张：12
字　　数：160 千字
版　　次：2023 年 7 月　第 1 版
印　　次：2023 年 7 月　第 1 次
书　　号：ISBN 978-7-5768-1910-6
定　　价：65.00 元

前　言

　　随着商业环境竞争的加剧，越来越多的企业纷纷开启多渠道整合模式。多渠道整合日益成为企业获取竞争优势、提高顾客满意度以及企业绩效的关键。然而，影响企业绩效的因素众多。如何将多渠道整合与企业绩效联系起来，多渠道整合是如何影响企业绩效的，以及挖掘其深层次原因，日渐成为学术界与企业界共同关注的热点与难点。然而，目前尚未有实证研究对企业多渠道一致、协作、共享、互补与企业绩效及其核心作用机制进行研究。现已有多渠道整合的研究大多是从顾客的角度探讨多渠道整合所产生的影响，如对顾客满意度、顾客感知度、顾客迁移意向、感知流畅性等因素的影响。而考察渠道整合效果的重要依据之一是企业绩效是否提升。但是从企业的角度研究多渠道整合与价值创造之间关系的文献较少，鲜有文献从企业绩效视角进行探讨。关于组织柔性的相关研究，以往学者多从组织柔性对于企业创新绩效影响进行探究，以及探讨组织柔性如何帮助企业得到更快速的发展，成为全球化企业等。但是尚未有研究将组织柔性作为中介机制，探讨组织柔性在多渠道整合影响企业绩效过程中发挥的作用。关于物流能力的以往研究，大部分研究只关注了物流能力对企业绩效的直接影响。然而现有研究中，少有将物流能力作为调节变量，探究其是如何对企业绩效产生影响的。且尚未有研究实证分析物流能力对组织柔性与企业绩效之间关系的调节作用。因此，探究物流能力作为组织柔性与企业绩效之间关系的调节机制具有重要的意义。鉴于此，本书以整合营销理论和动态能力理论为基础，立足于多渠道整合的已有研究，以多渠道销售方式的企业为研究对象。从"多渠道整合对企业绩效的影响"这一核心目标出发，对多渠道整合、组织柔性、物流能力、企业绩效之间的关系予以深入探讨，构建了多渠道整合对企业绩效影响的理论模型。该模型中，以多渠道整合为自变量，企业绩效为因变量，组织柔性为中介变量，物流能力为调节变量。确定各变量的维度、测量题项和各变量之间的作用关系，提出相应的研究假设，并采取实证研究方法对概念模型及相关假设进行验证。

本书共包括绪论、文献综述、概念模型与研究假设、问卷设计与调查、数据分析与假设检验、研究结论与讨论等六大部分内容。

与现有相关研究相比较，本书主要具有以下创新点。

通过对多渠道整合、组织柔性、物流能力和企业绩效的相关研究成果进行回顾，本书实现了在研究视角和研究内容两方面的突破。

首先，在研究视角方面，多渠道整合作为企业整合传统在线渠道、实体渠道和移动商务渠道的方式来实现顾客"无缝式购物体验"的有效手段。现有的多渠道整合研究大多是从顾客的角度探讨多渠道整合所产生的影响，例如对顾客满意度、顾客感知度、顾客迁移意向和感知流畅性等因素的影响。而本研究则基于企业的角度研究多渠道整合与企业绩效之间关系，并将多渠道一致、协作、共享和互补引入企业绩效研究领域，构建了多渠道间一致、协作、共享、互补与企业绩效之间的理论框架，深度剖析影响企业绩效的原因。这不仅是突破了现有视角的藩篱，而且为探究企业绩效深层次影响因素打开了新的窗口，也为多渠道整合领域提供了新的研究视角。

其次，在研究内容方面，本研究聚焦于影响机制分析，以企业间多渠道整合为切入点，具体分析了多渠道间一致、协作、共享和互补对企业绩效的影响。基于此，挖掘了导致企业绩效受到影响的原因，着重对组织柔性的中介作用进行了探讨。组织柔性作为影响企业绩效的关键因素，将其作为多渠道整合对企业绩效作用关系中的桥梁与纽带进行探讨，有助于探究多渠道整合对企业绩效的深层次作用机理。不仅是对企业绩效领域研究的贡献，还是对多渠道整合领域研究边界的拓展。另外，研究探讨了物流能力作为调节变量在组织柔性和企业绩效之间是如何起作用的，打破了对于物流能力研究的常规视角，启发了关于物流能力在企业绩效中如何发挥作用的新思考。

在本书写作过程中，所参阅的文献除了在参考书目中列出的一部分外，还有近年的大量相关出版物以及网络资料，无法将它们一一列出。在此，谨向所有使作者获益的同行们致以真诚的谢意。

此外，本书的撰写过程得到了在校研究生曹伊晗、金文宇、张慧、梁佳欣、何俞希、刘佳琦、周沁萱等同学的大力支持和帮助，在此一并表示感谢。

最后，由于本书作者能力有限，书中浅薄纰漏之处在所难免，恳请同行专家、学者及读者批评指正。

胡琴芳　吴惠蓉

2023 年 2 月

目　录

第一章 绪 论

一、"市场竞争激烈的时代背景"下的多渠道整合

越来越多的企业积极寻求多渠道整合的管理策略。例如，王府井启动实体卖场、网上商场、手机 APP 的多渠道联动促销行动；苏宁提出了以布局多渠道为目标的"店商＋电商＋零售服务商"新战略；苹果公司为了给顾客带来一致感官体验，整合线上和线下多种渠道来巩固品牌形象；海尔集团通过发展多种渠道的零售模式，拓展企业业务板块。为了提高企业绩效，企业以整合传统在线渠道、实体渠道和移动商务渠道的方式来实现顾客"无缝式购物体验"。

现有的多渠道整合研究大多是从顾客的角度探讨多渠道整合所产生的影响，例如对顾客满意度、顾客感知度、顾客迁移意向和感知流畅性等因素的影响。而考察渠道整合效果的重要依据之一是企业绩效是否提升，但是从企业的角度研究多渠道整合与价值创造之间关系的文献较少，鲜有文献从企业绩效视角进行探讨。因此，本研究将多渠道整合与企业价值创造结合起来进行研究，以期探明多渠道整合对企业绩效的影响。同时，现有

研究倾向于将多渠道整合视为一个整体，而根据 Lee 和 Kim（2010）、庄贵军等（2019）的观点，多渠道整合应着眼于多渠道、跨渠道整合活动，强调所有渠道间的一致、互补、协作和共享等多个维度，且这些维度对企业的价值创造过程影响广泛，但目前尚未有文献对此进行实证检验。

现有关于多渠道整合的文献表明，多渠道一致性可以强化多渠道整合为企业组织间联系带来的正向影响。田刚等（2018）指出，多渠道共享能使企业及时对外部信息进行处理，实现线上线下渠道资源高效灵活的分配，对企业业务以及服务水平进行调整，实现组织柔性的提高。关于组织柔性的相关研究，以往学者多从组织柔性对于企业创新绩效影响进行探究，以及探讨组织柔性如何帮助企业得到更快速的发展，成为全球化企业等。但是尚未有研究将组织柔性作为中介机制，探讨组织柔性在多渠道整合影响企业绩效过程中发挥的作用。

物流能力作为影响企业绩效的常见变量之一，与企业绩效之间的关系的研究并不陌生。杨扬和李莉诗（2019）针对我国典型国内陆港城市进行实证分析发现，国内陆港城市物流能力与社会经济发展协调程度较高，要加速物流基础设施建设，提升物流能力，以提高竞争能力。Mohd 等（2017）基于资源基础观理论，通过实证研究发现物流能力与物流绩效之间存在显著的正相关关系，企业加强服务能力和灵活性能力对于企业的物流绩效至关重要。然而，大部分研究只关注了物流能力对企业绩效的直接影响。现有研究中，很少将物流能力作为调节变量，探究其如何对企业绩效产生影响，且尚未有研究实证分析物流能力对组织柔性与企业绩效之间关系的调节作用。因此，探究物流能力作为组织柔性与企业绩效之间关系的调节机制具有重要意义。

鉴于此，本研究拟在前人研究基础上，基于市场竞争激烈的时代背景探究多渠道整合从多渠道一致性、多渠道互补性、多渠道协作性和多渠道共享性四个维度对企业绩效的影响。然后，在此基础上，挖掘多渠道整合与企业绩效之间的核心影响机制。本研究的基本构架安排如下：第一，将现有的整合营销理论和动态能力理论，以及多渠道整合、组织柔性、物流能力、企业绩效等相关的研究主题的国内外文献进行整理和述评。第二，构建关于多渠道整合对企业绩效影响的概念模型，并基于相关理论提出多渠道一致性、多渠道互补性、多渠道协作性和多渠道共享性分别与组织柔性和企业绩效之间的关系，组织柔性作为中介作用以及物流能力作为调节作用的一系列假设。第三，以进行多渠道整合销售方式的企业为研究对象进行研究设计，对调查问卷收集的有效样本进行数据分析，实证检验本研究的研究假设是否得到支持。第四，对本研究的结论、理论贡献、管理启示、研究局限与展望进行讨论。

二、多渠道整合与企业绩效之间关系的"神秘面纱"

本研究的理论意义主要表现在以下三个方面：首先，多渠道整合作为一种流行的企业销售模式，受到了广泛关注。然而，大多数研究者从顾客的角度出发，研究多渠道整合对顾客满意度、忠诚度等的影响，很少有学者从企业视角对多渠道整合的影响进行探讨。本研究将多渠道整合与企业价值创造结合起来，首次阐明了多渠道整合与企业绩效之间的关系，丰富了现有多渠道整合文献的研究视角。本研究以多渠道销售方式的企业为调查对象，拓展了多渠道背景下渠道整合领域的实证研究。同时，以往的研究更倾向于将渠道整合视为一个整体进行研究探讨。根据 Lee 和 Kim（2010）、庄贵军等（2019）提出的观点，互联网情境下的渠道整合应着眼于多、跨渠道整合活动，强调线上线下渠道间的一致、共享、协作和互补等多个维度。本研究无疑是对 Lee 和 Kim（2010）、庄贵军等（2019）

的观点的呼应，也是对渠道整合问题研究的推进。其次，本研究基于整合营销理论和动态能力理论深层次剖析了影响企业绩效的核心作用机制，对企业绩效领域的相关研究做了补充，也对现有渠道整合和企业绩效间的关系研究有较大的理论价值和启发性。本研究对多渠道整合与企业绩效之间的中介机制展开了深入的剖析，结果发现组织柔性在多渠道一致、共享、协作和互补影响企业绩效的过程中具有重要的中介作用，揭开了多渠道间一致、共享、协作和互补与企业绩效之间的神秘面纱，从四个维度探究了多渠道整合对组织柔性的影响。研究表明，企业强化多渠道间一致、共享、协作和互补，能够有助于提升企业资源柔性和人员柔性。企业有效地管理和协调多渠道间的资源整合，增强资源柔性，可以更好地预测和响应不断变化的市场需求，提高企业绩效。以组织柔性为纽带，在多渠道间一致、共享、协作和互补与企业绩效之间搭建起了一座桥梁，促进了多渠道整合与企业绩效研究的融合，对企业绩效研究的发展做出了一定贡献。此外，本研究探讨了多渠道整合影响企业绩效的边界条件问题，探究了研究企业绩效过程中的另一常见变量，物流能力作为组织柔性与企业绩效之间的调节变量所造成的影响。实证研究结果与假设正好相反，发现物流能力在组织柔性与企业绩效的关系中呈负向调节作用，有助于补充和丰富企业物流能力与企业绩效之间关系的相关研究，对物流能力在企业绩效中如何发挥作用这一研究领域带来了新的思考。

本研究具有以下两个方面的现实意义：第一，根据本研究的结论，多渠道间一致、共享、协作和互补与企业绩效呈正相关，这启示企业在激烈竞争时代背景下应着眼于渠道整合的全面提升，从多渠道一致、互补、协作和共享四个角度入手，实现传统在线渠道、实体渠道和移动商务渠道等的全面整合，着力为目标顾客提供无缝式购物体验。企业进行多渠道整合管理时，企业需要整合线上线下渠道的相关产品信息和具体业务流程，向顾客提供充分、清晰统一的交易信息。此外，企业还可以通过顾客购物信息数据收集和分析，建立多渠道间统一的数据中心，针对顾客的购物喜好和习惯进行精准推送，实现企业渠道间的交叉购买。其次，企业应注重一种渠道对另一种渠道的互补性。如当顾客想要的产品在线上店铺找不到或该门店货品不足时，企业应及时准确地为顾客提供最近门店的信息或从最近的线下门店调货进行邮寄，最大化实现各个渠道的互补值，进而提升其品牌形象和维持顾客忠诚度。此外，企业需要加强渠道之间的协同管理，破除渠道之间的对抗，实现渠道间融合。根据顾客购物需求和购物方式，实施科学合理的渠道融合策略，可以有效压缩获取顾客和保留顾客成本，开发企业潜在优势，增强企业竞争能力，实现更大的市场覆盖。第二，企业在强化多渠道间一致、共享、协作和互补过程中，需要仔细思考如何加强多渠道间一致、共享、协作和互补以实现组织柔性的提升。这有利于企业全面充分认识组织柔性对企业绩效的提升作用，为企业提升绩效指明方向。此外，需要审慎思考物流能力在其中所起的作用，适当保持物流能力，避免弱化组织柔性对企业绩效的正向影响。这要求企业在实现强化多渠道间一致、共享、协作和互补的同时，时刻注意是否对组织柔性产生积极影响。只有在兼顾组织柔性的基础上，对多渠道整合进行适当调整，才能真正提升整体企业绩效。

三、多渠道整合与企业绩效之间关系的相关研究方法

本书在回顾相关文献的基础上，结合整合营销理论和动态能力理论，使用 SPSS 和 AMOS 两种统计分析工具，收集了从事多渠道销售的企业的第一手数据，进而展开研究。具体研究方法如下。

文献分析法。文献分析法是指通过收集某一方面的文献资料，探索研

究对象的性质和地位，并从中得出自己的观点的分析方法。它可以帮助调查研究人员对研究对象形成总体印象，有利于动态掌握研究对象的历史。随着电子商务技术的快速发展，企业通过电子商务渠道、移动客户端、实体店等多渠道传播信息、销售产品、提供服务已成为常态。然而，在多渠道扩大企业市场范围、增加产品销量的同时，也出现了渠道间信息传递不一致的现象，造成消费者认知混乱、渠道间销售替代或渠道间冲突。为了提高企业绩效，企业整合了传统的在线渠道、实体渠道和移动商务渠道，为客户实现无缝购物体验。有鉴于此，一些企业已经开始尝试多渠道管理，通过不同渠道功能的协作互补或彼此之间的信息共享来实现跨渠道协同。在此背景下，学术界提出了跨渠道整合的概念，以描述不同渠道之间的协作、互补、一致和共享行为，并对其进行了研究。因此，本书将对这些文献进行回顾，了解多渠道整合的现状，指出存在的问题，为进一步开展跨渠道整合和提高企业绩效的理论研究提供理论指导或参考。首先，本书使用 Web of Science 和中国知网数据库作为主题检索的数据源，检索年限设置为 1996—2021 年，检索范围选定在商业（business）、管理（management）和运营管理（operation Management）等领域。遵循 Brocke（2009）等人提出的文献检索方法，英文以"cross-channel""multichannel"和"firm performance"等进行检索，中文以"跨渠道整合""多渠道整合"和"企业绩效"等为关键词在字段标题和关键词中进行检索，共检索出英文期刊论文 317 篇、中文期刊论文 133 篇。其次，通过阅读摘要来评估检索到的文章，并排除与研究主题无关的文献。然后，对筛选出论文中的参考文献进行检查，以进一步确定可能被忽视的文献。最后，共获得英文文献 69 篇、中文文献 40 篇。通过泛读相关文献，对检索出来的文献进行归类整理；之后，对整理完毕的文献进行精读，在此基础上进行有关的梳理与凝练。通过对多渠道整合、组织柔性、物流能力、企业绩效等变量的现有相关文献作出述评，为分析多渠道一致性、多渠道互补性、多渠道协作性、多渠道共享性与组织柔性和企业绩效等之间的关系奠定了扎实的基础。除此之外，文献回顾可以帮助界定研究变量的操作性定义，并为提出研究假设和模型的发展提供可靠的依据。

问卷调查法。为了获得研究所需的信息，研究人员使用预先设计的问卷从受访者那里收集信息，称为问卷调查法。问卷调查法是国内外社会调查中广泛使用的一种方法。问卷是指用于统计和调查的表格，以结构化的方式表达问题。问卷调查法是研究人员使用这种受控测量来度量研究问题并收集可靠数据的方法。问卷调查法多采用邮寄、个人分发或集体分发等多种方式发送问卷。调查对象根据表格中的问题填写答案。一般来说，调查问卷比访谈表更详细、更完整、更容易控制。问卷调查法的主要优点是标准化和低成本。由于问卷法使用设计好的问卷工具进行调查，因此问卷的设计需要标准化和可计量。为保证调查问卷的科学性和实用性，问卷的设计步骤分为：①设计问卷初稿；②根据专家访谈的意见，修改问卷内容，并进行小规模的预测试；③根据预测试结果确定最终的大规模分发问卷。因此，本研究问卷调查中所采用的相关变量的测量量表都是来源于现有国内外文献中的成熟量表，结合本研究的研究行业对象以及调查问卷所面对的受访者，并根据其行业特点、专家访谈结果和表达习惯对量表进行了些许调整，以便得到最准确的回收问卷。这种方法在更大程度上确保了所采用的量表的信度和效度。最终的问卷调查包括5个方面：①受访者所属企业的基本情况；②多渠道一致性、多渠道互补性、多渠道协作性和多渠道共享性的测量；③组织柔性的测量；④物流能力的测量；⑤企业绩效的测量。

统计分析法。收集问卷信息后，第一步是对数据进行筛选，剔除不合格的问卷，然后对符合研究要求的数据进行信度和有效性测试。在此基础上，运用各种统计分析方法对研究假设进行验证。本研究使用软件 SPSS 25.0，对收集的问卷进行数据整理，然后通过数据分析检验本研究所提出的研究模型。主要包括：描述性统计分析，对受访者所属企业的年龄、规模、所有制性质、企业所在地等进行统计分析；信度分析，采用 Cronbach's α 系数来反映使用量表的信度；回归分析，可以检验变量之间的关系，以此验证本研究所提出的研究假设；三步回归分析法，可以检验中介效应，以此验证本研究所提出的研究假设。本研究使用 AMOS 23.0 进行探索性因子分析，以此检验所使用量表的聚敛效度、区分效度和模拟拟合度。

理论研究与现实经验相结合。理论分析方法是基于对理论的研究和分析，形成相应的推理和判断。本书以营销理论、动态能力理论等与企业绩效相关的理论为基础，从理论分析的角度探讨了多渠道整合的问题及其影响。在此基础上，整合经济学、管理学、会计学等跨学科知识，对多渠道整合、组织柔性和企业绩效之间的关系进行多维分析，为后续实证分析提供理论支持。基于企业多渠道销售的实践经验，对基于理论分析的推理和判断进行检验。研究结论经过理论验证和实证检验，可为解决实践中多渠道整合相关问题提供参考。

实证分析与规范分析相结合。实证分析方法主要通过对研究对象进行广泛的观察并客观分析其模式来回答"是什么（What is it）"的问题。而规范分析方法主要回答"应该是什么（What ought to be）"的问题，是基于一定的价值标准来判断现象并提供相应的建议。本书将基于计量经济学知识构建计量经济学模型，实证分析多渠道整合对企业绩效的影响，并验证本书的理论推理。结合理论分析和实证分析结果，运用规范分析法分析多渠道整合过程中存在的问题，为正在或即将进行多渠道整合的企业提供有针对性的参考。

四、多渠道整合与企业绩效之间关系的研究内容概述

本书共分为六大部分，内容安排如图 1-1 所示，具体阐述如下。

第一章是绪论部分。该章首先从现实背景和理论背景两个方面入手，分析了本书研究主题的背景，以及相应的理论意义和现实意义。在此基础上，阐述了本书的研究目的以及所要开展的主要研究内容。最后，总结了本书采取的主要研究方法，具体包括文献研究法、问卷调查法和统计分析法。

第二章是文献综述。该章首先基于多渠道整合对相关理论进行述评，具体包括整合营销理论和动态能力理论。然后，对多渠道整合的相关研究进行梳理和述评，具体包括多渠道整合的定义、维度和效果等。对物流能力的现有研究成果进行梳理和述评，具体包括物流能力的定义、构成要素和影响。对组织柔性的现有研究成果进行梳理和述评，具体包括组织柔性的定义、维度和作用。最后，对企业绩效的现有研究成果进行梳理和述评，具体包括企业绩效的定义和评价指标等。

第三章是多渠道整合对企业绩效的影响机制研究。该章首先构建了多渠道整合、组织柔性、物流能力及企业绩效之间关系的概念模型。其次，本研究对多渠道一致性、多渠道互补性、多渠道协作性和多渠道共享性与组织柔性之间的关系进行了分析。对组织柔性与企业绩效间的关系进行了分析。在此基础上，进一步剖析了多渠道一致性、多渠道互补性、多渠道协作性和多渠道共享性对企业绩效的影响机制，并对组织柔性在多渠道一致性、多渠道互补性、多渠道协作性和多渠道共享性影响企业绩效过程中的中介作用进行了分析。分析了物流能力对企业绩效的直接影响。最后，考虑了物流能力对组织柔性与企业绩效之间关系的调节作用。

第四章是问卷设计与调查。该章阐述了本书的问卷设计原则与过程、变量的操作性定义与测量、调查对象与数据收集以及样本与数据概况等内容。

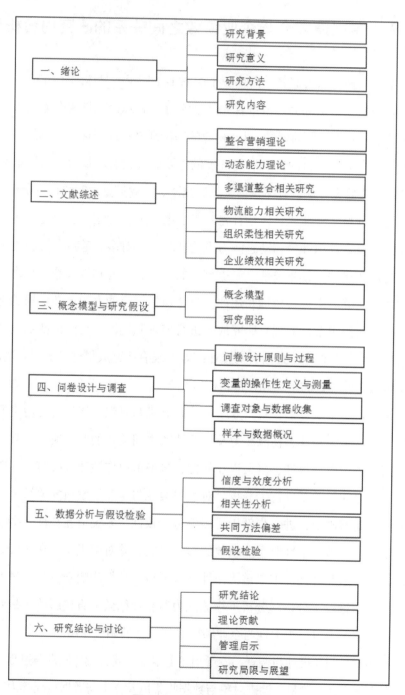

图 1-1　本书内容框架图

第五章是数据分析与假设检验。该章具体包括对回收的有效问卷的数据进行信度与效度检验、相关性分析、共同方法偏差检验以及假设检验等基础性统计分析工作。最后重点进行中介作用分析、调节作用分析，从实证的角度对本书的概念模型以及相关研究假设进行了检验。

第六章是研究结论与讨论。该章主要包括四个部分的内容。第一部分是本书的主要结论，主要结论部分系统性地概括和总结了本研究通过理论分析与实证检验得到的研究结论。研究表明，多渠道整合能够通过组织柔性对其企业绩效产生正向影响，同时物流能力对组织柔性与企业绩效之间的关系起负向调节作用。第二部分是阐述本书的理论贡献，理论贡献部分主要剖析了本研究结论对多渠道整合研究和企业绩效研究的贡献。第三部分是管理启示，管理启示部分则重点探讨了以下几点启示，包括：如何从多渠道一致、互补、协作和共享四个角度入手，实现传统在线渠道、实体渠道和移动商务渠道等的全面整合，从而强化对企业绩效的正向影响；企业在强化多渠道间一致、共享、协作和互补过程中，需要仔细思考其如何加强多渠道间一致、共享、协作和互补才能实现组织柔性的提升，这有利于实现企业对组织柔性全面充分的认识；需要更加审慎思考物流能力在其中所起的作用，适当合理地保持物流能力，避免弱化组织柔性对企业绩效的正向影响，但同时需要注意物流能力对企业绩效的直接作用，强化物流能力可以直接促进企业绩效的提升，这更加强调企业需要对物流能力有深刻的认识。第四部分是指出本书的研究局限以及对未来的研究方向进行展望。该部分主要针对本研究存在的局限性，提出未来有价值的研究方向，其中包括：多渠道整合的前因研究；企业渠道因素的影响，例如渠道的类型、数量、多样性和层次结构将如何影响企业跨渠道整合，企业在渠道中发挥的功能对其跨渠道整合有什么影响；渠道行为和关系如何调节跨渠道整合对企业绩效和消费者行为的影响等。

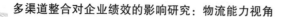
本章小结

    本章首先从研究议题的现实背景和理论背景入手，分析本书拟探讨的主要研究问题；接着剖析了从企业绩效视角对多渠道整合的研究进行探讨的理论意义和实践意义；然后阐述了本书采用的主要研究方法，包括文献研究法、问卷调查法和统计分析法；介绍了本书的主要研究内容，具体包括多渠道整合、组织柔性、物流能力以及企业绩效各变量之间的关系；最后，介绍了本书所设定的基本研究框架，包含研究背景与提出问题、文献综述、研究假设与概念模型、问卷设计与调查、数据收集与分析、研究结论与展望六个部分。

第二章　多渠道整合与企业绩效之间关系的相关研究进展

一、整合营销理论

（一）国外整合营销理论概念的发展

整合营销，又称整合营销传播，这一概念诞生于 20 世纪 80 年代后期。1988 年，西北大学麦迪尔新闻学院在全美广告主协会和美国广告公司协会的共同委托下，成立了以 Don E. Schultz 教授为首的整合营销研究团队，实施了第一个整合营销研究项目。在针对全美市场环境进行了一系列的市场营销传播状况调查后，于 1989 年提出了第一个整合营销概念（黄迎新，2010）。他们认为，整合营销的核心是设计和实施全面完善的营销策略，提升企业绩效和生产经营附加值。全面完善的营销策略包含销售人员推广产品、广告宣传、信息共享等，通过使用这些营销策略可以最优化传播企业的产品和服务。这一概念的提出标志着整合营销理论研究在美国的开始，但该定义并未站在消费者角度进行思考。Don E. Schultz 等（1992）合作编撰的第一部整合营销著作 *Integrated Marketing Communication: Putting It Together, Making It Work* 进一步奠定了整合营销传播的理论基础。该书梳理了整合营销传播的发展简史和基本原理，对营销传播计划、战略、实施、效果评估等过程做了详细阐述，并分析了整合营销实施过程可能出现的问题。他强调"整合营销传播就是通过战略性的整合与管理企业产品或服务相关的一切信息源，使顾客及潜在消费者接触到一致的、一元化信息，诱导其购买企业的产品或服务，并建立消费者对企业品牌的忠诚度"。该定义要求企业从消费者出发，在充分了解其消费者群体的情况下，把整合营销作为一种协调广告、直接营销、促销和公关的方法，以整合不同的传播手段使最终的"传播协同效应"最大化。同年，Don E. Schultz（1993）在发表的文章中进一步提到，整合营销传播是指与客户和潜在客户计划和实施各种形式的说服性品牌传播项目的过程。整合营销传播的目的是影响目标受众的行为，并将客户或潜在客户与企业之间的所有接触点作为信息的潜在传递渠道。总之，整合营销传播过程从客户或潜在客户开始，通过开发有说服力的传播程序对其形式和方法进行重新定义。Duncan 和 Kaywood（1993）提出整合营销传播理论是企业从战略的角度，为了建立企业品牌名誉、加强与顾客之间的联系、维护与股东之间的关系而控制和影响各种信息的过程。他们引入"关系利益人"的概念，认为整合营销传播是通过策略性地控制或影响所有相关信息，鼓励企业与消费者和关系利益人实施有目的的双向对话，建立长期稳定的互惠关系。此外，整合营销是一个交叉作用的战略过程，要培养企业与关系利益人之间的建设性关系，同时也要借助各种媒介和其他接触方式的运用有效影响和控制这些关系，通过对关系利益人的整合建立品牌资产，实现整合营销的最终目的，同时他还进一步提出了"品牌接触点"和"品牌关系"等概念。Nowak 和 Phelps（1994）将整合营销传播理论概括为三个关键要素：一种声音、协同与整合。一种声音是企业各个渠道之间构建和发布统一、一致、清晰、高效的形象和信息；协同是各个渠道之间营造出共同的产品形象引起目标顾客的注意；整合是指将各种不同的营销方式和方法结合起来共同建立品牌形象。整合营销传播即企业里所有部门都为了顾客利益而共同工作。从基于结果的角度来看，整合营销传播是实现广告规划和执行协同增效的解决方案，最终结果是提高效率、生产力和业绩（Phelps et al.，1996）。Nowak 和 Phelps（2006）指出，整合营销传播计划过程能识别、评估各种传播方式、战略作用的综合方案的附加值，通过将这些方式结合起来，对离散信息进行系统整合，从而实现清晰、一致且最大化的品牌影响力。他们进一步归纳了八种营销组合的传播方式（广告、促销、公共关系和宣传、实践和体验、在线和社交媒体营销、移动营销、直销和数据库营销以及人员推销），以及实施有效传播的八个步骤（识别目标受众、选择传播目标、设计传播、挑选传播渠道、确定整体传播预算、选定传播组合、衡量传播效果、管理整合营销传播过程），推动整合营销向系统解决、资源共享和价值网络的方向演进。Beard（1997）结合前人学者对整合营销传播的定义，认为整合营销传播主要有两个内涵："用一种声音说话的活动信息"以及"试图引发可测量的消费者行为反映的活动信息"。Brown（1997）列举了整合营销传播的其他几种观点：思想态度、一种精神、一种战略、协同、平等地位、合并原则、利益相关者为重点和营销导向。Miller 和 Rose（1994）认为："整合营销传播作为把所有传播手段在一个单一概念下整体化的新范式正获得越来越多的支持。"Eagle 等人（1999）在一项针对新西兰营销人员和广告公司高管的研究中探讨了与整合营销传播概念相关的"新"与"无新"范例等问题。他们的一个结论是，整合营销传播不仅仅是一种管理时尚，更是广告公司和客户之间沟通实践和观念的一种根本性变化。Don E. Schulz（1998）又对整合营销传播做了更详尽的定义：整合营销传播是一个与消费者、顾客以及内外部目标群体共同完成的战略性经营过程，它可以用来规划、完善、执行与评估那些可协调、可测量、有说服力的品牌传播项目。他认为，整合营销传播应同时将现有客户和潜在的客户作为目标受众，对二者传播共同的文化理念，使之相互影响，成为一个共同体。Schultz（1999）认为，整合营销传播是从使用大量市场广告到更有针对性地运用信息策略的自然演变的结果。Don E. Schulz（2003）再次提出，在过去的几年里，整合营销传播发生了巨大的变化。它已经从组织如何协调和调整其外部沟通转变为公司调整和管理其"品牌联系"和"客户接触点"的方法和过程，从由内向外转向由外向内的传播方式。此外，整合营销不再作为企业的一项营销成本，而是被视为一种具有投资和回报的企业资产，并已经成为组织如何建立和维护品牌的关键因素之一。Shimp（2000）基于前人学者对整合营销传播的定义，概括了5个重要的特征：①整合营销传播的主要目标是通过定向沟通影响消费者选择的营销行为；②这一过程从客户或潜在客户开始，再回溯到品牌传播者；③整合营销传播利用所有媒介的沟通和所有品牌或公司联系来源作为潜在的信息传递渠道；④整合营销传播的协同有助于实现强大的品牌形象；⑤整合营销传播需要成功的营销沟通来建立品牌和客户之间的关系。总的来说，整合营销传播是利用所有传播渠道以及传播手段来说服以及影响目标客户选择的营销行为。Peltier等人（2003）强调了新媒体的互动性质的日益增长的重要性和潜力，对"互动式整合营销传播"与传统整合营销传播进行了对比，并结合案例对互动式整合营销传播以及实施方法进行深入解读，探讨了其与消费者产生互动方面的作用。Kliatchko（2005）认为整合营销传播是一个战略性地管理以受众为中心、以渠道为中心、以结果为导向的品牌传播计划的概念和过程。整合营销传播的共性和关键组成部分都涉及以一种极其全面和战略性的方式管理和销售传播，为了弥补其他方式的弱点，它试图通过结合、整合和协同的方式将所有传播元素融为一体，并创建一个统一的信息，而不是各自孤立地发展。Weerawardena（2010）研究将整合营销传播过程描述为一种将有形和无形的组织投入转化为影响品牌绩效的营销传播产出能力。从这个意义上说，整合营销传播被定位为一个全公司范围的市场相关部署机制，能够优化传播方法，以实现卓越的传播效果。Batra 和 Keller（2016）的研究认为，在当前的新媒体传播环境下，实施品牌整合营销传播计划时，不同传播方式之间的一致性、互补性和交叉效应是重要的考虑因素。Porcu 等人（2019）将整合营销传播定义为"以利益相关者为中心的跨职能规划和调整组织、分析和沟通流程的互动过程，通过所有媒介传达透明、一致的信息，以培养创造价值的长期盈利关系"。Eri（2019）在对整合营销与顾客关系的研究中提到，整合营销是对已有资源进行高效整合，从而实现组织战略目标。整合营销具备系统化特征，通过系统的理念对企业进行指导，使营销方法、工具和形式等资源实现有机整合和规划，同时在面对不确定环境时可以及时有效地作出调整，以达到企业利益最大化。换言之，整合营销是将独立分散的信息、各种营销工具和营销方式等资源集聚起来，进行有机调整规划，从而发挥最大的协同效应，在此过程中，使企业价值得到提升。因此，这就要求企业根据自身需要，在充分了解、分析自身企业状况后，制定符合自身实际情况的整合营销方案。

（二）国内整合营销理论概念的发展

自 Don E. Schultz 提出整合营销传播理论后，国内学者从 19 世纪开始以该学者的研究为基础对这一理论展开进一步探索。1994 年，台湾学者吴仪编译了 Don E. Schultz 的著作《整合营销传播》，标志着国内整合营销理论探索的开始。卢泰宏、朱翊敏等（1996）在我国广告界权威杂志《国际广告》上发表的几篇文章详细介绍了 Don E. Schultz 的整合营销传播理论的定义、优缺点以及实施方法，并以案例的形式进行了深入解析。整合营销传播的执行过程，包括对组织结构进行调整、建立数据库以及选择代理公司等。他强调，整合营销传播不是简单地将营销工具进行组合，实施整合营销传播策略必须针对公司的具体情况，充分考虑其优缺点，进行优化组合。随后，卢泰宏等（1995）编著的《广告创意100》一书列举了整合营销成功的企业案例，详细阐述了整合营销理论的实施应用。1997年，北京三木广告公司编著的书籍《整合营销传播》运用"4C理论"对整合营销传播理论进行解读（北京三木广告公司，1997）。申光龙（1998）结合自己在日本和中国多年的企业实践及前人的整合营销传播定义提出自己的见解："整合营销传播是指企业在经营活动过程中基于由外而内的观点，以营销传播管理者为主体，围绕企业的利益关系者（包括从业人员、消费者、投资者、竞争者等直接利害关系者以及社区、政府、新闻媒体、社会团体等间接利害关系者）展开的传播战略。企业应根据符合自己实际情况的传播手段进行优先级排序，通过计划、调整、控制等管理过程，对各类传播活动进行有效的、阶段性的整合。"伍士林（1999）认为，整合营销是以整合企业内外部所有资源为手段，重组再造企业的生产行为和市场行为，充分调动一切积极因素，以实现企业目标的、全面的、一致化营销。此外，在我国企业开展整合营销符合社会发展背景下对企业市场营销提出的新要求，有利于企业合理配置资源，更好地满足消费者需求，提高经济效益，以及更好地开拓国外市场。薛旭（1999）认为，整合营销是一种营销观念的变革，整合营销的基本原则是①营销策略高于一切；②从一般宣传转变为对消费者消费心理进行管理，并阐述了整合营销的系统宣传过程。陈刚（2004）基于整合营销传播的背景，提出整合营销的核心点是关系营销、建立数据库以及成熟的整合营销代理公司，并从市场环境、媒介环境、企业环境以及行业支持四个方面分析了中国市场是否需要整合营销传播。他认为，整合营销传播对中国市场的现实意义在于传播内容的整合和传播形式的整合，在实践过程中，要结合我国市场的特点，选择性地吸取这一理论的精华。马庆栋（2005）认为，整合营销传播理论是一个从 M 出发的，由 M、I、C 相结合而形成的整体。即以消费者导向的"营销"（M）为目的，以内容广泛的"整合"（I）为策略，以"分众互动传播"双向沟通为"传播"（C）手段，从而实现企业绩效的最大化。卫军英（2006）认为，随着社会环境的变化，现代整合营销传播与传统营销相比，在目标导向和交流方式等方面发生了巨大变化。企业要结合自身情况，找到适合自己的最佳营销传播组合方式，保持与顾客的良好关系，实现营销中传播、传播中营销，是整合营销的根本所在。朱红亮等人（2009）认为，互动和价值传播是整合营销传播的主体脉络，整合营销的手段是围绕"一种形象，一个声音"统一企业的行为，造就差异化产品，在消费者心中树立品牌形象，形成企业的相对竞争优势。整合营销的关键环节包括：围绕核心竞争力的构建进行科学定位、建立企业与利害关系者之间的整合传播沟通平台、形成以顾客参与为特征的互动沟通。初广志（2010）对整合营销相关内涵的归纳认为，整合营销传播的核心内涵主要表现在以消费者为导向、运用一切传播形式、寻求协同优势、建立持久关系、整合内外传播、强调战略管理、重视长期效果。桂世河（2019）总结了自 20 世纪 70、80 年代以来整合营销传播目标的演进过程，主要为 20 世纪 70、80 年代侧重于塑造统一品牌形象，到 20 世纪 90 年代建设品牌关系，再到 21 世纪以来以提升品牌资产为目标导向的过程。他认为，未来整合营销传播目标的发展趋势为企业在所有接触点上与利益相关者共创价值。

　　尽管当前整合营销的概念的科学定义仍有分歧，但其核心内容已经得到了普遍认可。从以上国内外学者提出的整合营销传播的定义可以发现：第一，整合营销传播是一个一体化的营销过程。企业通过内外部一致性、战略性的整合和传播创建企业的品牌资产，它涉及企业的方方面面；第二，整合营销传播是以消费者和利益相关者为目标受众的由外向内的营销模式，以双向沟通的营销方式取代传统的单向灌输；第三，整合营销传播是多种营销渠道的协调与整合，通过多种传播手段的协同，充分利用与消费者的每一个接触点进行精准沟通，提高营销成功率；第四，整合营销传播是一项维系受众长远关系的信息传播手段，培养与消费者和利益相关者的互利共赢长久关系，建立品牌资产，实现价值共创。从上述文献归纳中可以看出，整合营销传播在早期主要以促销和传播的整合为重点，即通过媒体传播的方式向受众传递适当的信息，使企业形象及品牌实现"一种形象和一种声音"。后来随着整合营销传播理论在实践中的应用，企业认识到整合营销传播的适应领域的广泛性，从一种协调和联合各种传播要素的战术性传播管理方法发展成为一套企业能够按照整合营销模式制订营销策略、计划并执行所有的市场营销传播活动的一种应用型更强的战略性理论框架。

（三）我国整合营销理论的应用研究

自 2002 年开始，学者和业内人士开始更多地关注整合营销在市场的应用。罗永泰（2002）构建了一套适用于知识型产品的四位一体整合营销模式，为知识型企业和高新技术企业更好地实施整合营销策略提供了理论依据。申光龙（2003）认为，Don E. Schultz 提出的整合营销传播的 5R's 框架忽视了交易成本和即时性，并且整合所涉及的组织范围仅局限在营销部门内部或者企业内部，阻碍了整合效果的发挥。他提出了供应链上整合营销传播的有效途径是"关系—反应"模式（relationship—response：2R's）：从供应链整体考虑，基于由外向内的视角，上下游企业间共同建立一种协调稳定的业务关系，从而形成对消费者高效率的反应。申光龙等学者（2004）

以 SARS 危机为例，探讨了整合营销传播视角下的公共卫生危机的应对策略，拓宽了整合营销传播理论在实践中的应用范围。姜华（2006）的研究认为，整合营销传播是出版业在当前竞争环境下营销创新的突破口，他强调出版社要充分调动企业内外部一切积极因素为企业建立关系和培育企业品牌，通过双向沟通机制建立与关系利益人之间的长久关系。朱孔山（2009）将整合营销传播理论应用到旅游业中，强调要以旅游者需求为中心进行双向沟通，以一致的目标和形象进行有效的旅游地形象传播和产品营销，及时收集多渠道的信息反馈，进而动态地调整营销策略。

　　随着整合营销逐渐从理论层面发展到实践层面，企业在实践过程中出现的问题限制了整合营销传播的实施效果。为此，申光龙（2006）构建了一套整合营销战略绩效评估指标体系，帮助企业对整合营销成果进行基于短期和长期的综合评价。为了解我国市场整合营销实践情况，初广志（2008）对我国23家广告公司以及16家公关公司进行了问卷调查和访问，并发现整合营销在我国还处于发展初期，尚无普遍认可的成功企业案例。此外，整合营销传播在研究方法和范围上有待进一步拓宽。初广志（2010）在对 135 个我国著名企业的中高层营销传播管理人员的调查中发现，整合营销传播在中国的发展是必然趋势，但客户和代理公司之间缺乏共性认识影响了我国整合营销理论的进一步发展。他认为，在数字媒体环境下，整合营销传播应本土化，结合自身特征，因地制宜实施。初广志（2010）从整合营销传播的视角谈这一理论对中国文化对外传播的启示，并强调树立以不同国家和地区的受众为导向的观念，整合跨文化传播的内容和形式，以及进行跨文化传播的渠道整合和战略整合。杜国清等学者（2011）结合营销传播的成功案例剖析了整合营销传播在当今市场环境下的新趋势：①互联网成为营销传播的整合者；②现代信息传播技术的发展使消费者消费方式发生了变化，要洞察消费者的新变化，从"围捕"策略转向"引爆和驱动"

策略；③整合营销传播诉求更具有贴近性、趣味性、体验性，融入生活进而影响和改变生活；④形成一贯性的传播，构建与消费者的持久关系。李晓英（2015）提出了基于大数据的互动式整合营销传播框架体系，阐述了具体实施策略。她认为，在大数据时代，营销体系和营销方式发生了重构，大数据通过数据挖掘和处理，制定决策模型来指导营销实践，使其更趋于定量化分析，更具科学性，为互动式整合营销传播提供了新的推动力。此外，互动式整合营销信息还应与企业生产经营的各环节有效协作以提升营销价值。胡谦锋（2023）以整合营销理论的内容型营销、全渠道营销、参与式营销为依据，探讨了我国高校图书馆知识类短视频推广策略以及创新路径。

本书所研究的多渠道整合恰是对企业不同要素和资源等的整合，并且是以多渠道销售方式的企业为研究对象。因此，基于整合营销理论基础，分析多渠道整合对企业绩效的影响具有较大的可行性。

二、动态能力理论

（一）动态能力理论的发展与演变

动态能力理论是在资源基础观点的基础上发展而来的。资源基础理论强调企业获得持续竞争优势的可能性取决于其所拥有资源的掌握程度和自身的差异性（Barney，1991）。然而，在当前动荡的环境中，资源基础观点受到了挑战，因此学者们将其发展为动态能力理论（Teece，1997；Eisenhardt and Martin，2000；Helfat and Peteraf，2003；Hitt，2013）。Ambrosini 和 Bowman（2009）指出，目前已经采用动态能力理论来解释企业如何在不稳定的环境中保持长期的竞争优势。在动态能力理论和资源基础理论的指导下，一个组织的成功取决于其可用、稀缺、不可模仿和不可替代的有价值资源的协调性，这使其可以执行创造价值的战略（Ambrosini and Bowman，2010）。虽然这两种理论都认为战略资源的协调性对组织的成功至关重要，但在资源基础理论看来，战略资源能够给公司带来持久的竞争优势，而在动态能力理论看来，竞争对手会在时间上对其进行追赶，从而导致公司战略资源价值的下降。因此，动态能力的存在和强度对于企业在市场变化中重新配置和更新其资源与能力的速度和程度具有决定性的影响（Teece，2007）。要想获得持久的竞争力，就必须具备开发、重新配置和剥离组织优势的能力。

（二）动态能力理论的定义

学术界对于动态能力的理解至今仍有不同观点。Teece 和 Pisano（1994）提出了动态能力理论，认为企业需要随时根据外部环境变化，高效整合和重构内外部资源，不断学习和创新以适应环境并获得可持续竞争优势。他们从整合管理的角度对动态能力进行了定义，也就是组织构建、整合和重组内外部资源以适应快速变化的外部环境。后续的研究对该理论进行了进一步的完善与补充。另外，从演化的惯例观点、组织流程和知识角度出发，分别有 Winter、Eisenhardt 和 SubbaNarasimha 提出了不同的动态能力定义。例如，Winter（2003）认为，动态能力是一种独特的学习方式，它可以修改企业的经营惯例。与此同时，Eisenhardt（2000）指出动态能力能够帮助企业获得新的资源，并对新的资源进行整合与重组，从而使其更好地适应市场的变化。此外，Subba 和 Narasimha（2001）也认为动态能力是一种通用的企业能力，通过发展和调整组织规划以应对外部环境的变化。总的来说，这些研究表明动态能力是一种能够帮助企业适应和应对外部环境变化的重要能力，可以通过不同的方式来实现。

近年来，国内学者对于动态能力的理论研究也在逐步增多。从知识管理的角度出发，宋扬（2007）将企业优化内部各种功能运转的模式以及调整运用企业内部资源的方式来适应外部动态环境的能力视作企业的动态能力。董俊武等（2004）则认为企业通过改变经营性管理、知识获取、创新与学习等方面来提高企业运营效率，从而体现其动态能力水平。江积海（2005）则从空间层面和时间层面两个方面对企业动态能力进行划分。杜俊义和冯罡（2020）从技术创新视角对动态能力进行了剖析，提出了"动态能力"指的是通过对现有资源进行结构与配置的持续调整与优化，从而为企业的技术创新提供了更好的发展环境与更有效的资源输入。总体来说，学者们对于动态能力的理解存在一定的差异，但在其内核上具有一致性。动态能力理论涵盖了基于知识的企业理论、熊彼特创新理论以及演化经济学，这些理论通常被用于解释组织创新和市场变革等方面。企业的竞争力与其市场定位密切相关，而市场定位又由其资产决定。动态能力使企业有能力改变工作惯例，从而提高企业的竞争力。此外，企业能力具有系统性和路径差异，组织学习对企业能力的影响也非常重要。

（三）动态能力分类

学者们广泛研究了企业动态能力理论，笔者从众多文献中总结出了以下动态能力分类。

第一种分类基于整合观点，指的是企业管理层为了应对外部环境的变化，通过提高自身管理能力，有效识别内外部资源并适应市场变化以获得竞争优势的观点，本质上反映了学习能力。资源整合是动态能力的重要体现，但企业的资源整合受到动态能力的限制，因此需要提升学习能力。动态能力主要体现为资源识别能力，提高管理者的学习能力是提高资源识别能力的重要途径。通过有效识别和综合利用各种资源，企业可以提高财务绩效和扩大再运营的规模，从而形成良性循环并实现可持续发展。动态能力的提升需要提高学习能力，适时地变动发展战略，持续提高学习能力能够为企业创造和获取更多的新机遇，从而获得市场竞争优势。企业可以通过提升学习能力，整合优势资源，形成具有自身特色的核心动态能力，从而在市场竞争中形成核心竞争力。医院可以通过动态能力整合，综合内部各项能力，形成突出优势来更好地应对医疗行业的机遇和挑战（彭远慧、姬郁林，2008）。孙连才等学者（2011）还构建了企业动态能力综合指标，整合了企业内外部各项能力，形成综合优势。

第二种分类基于惯例观点，企业需要超越现有管理能力的动态能力。这意味着企业需要通过对自身能力和行业发展管理进行分析，创新管理战略的能力（Winter，2003）。通常认为，企业遵循原有惯例行为不能获得动态能力，只有通过突破原有惯例才能获得动态能力，从而转化为竞争优势。这种突破主要通过组织学习来实现（王晓萍，2021）。研究表明，组织学习对于企业的动态能力具有正向显著作用（焦豪 等，2008）。创业型企业应该通过组织个体层学习和群体层学习方式来突破惯例，提升企业的动态能力。除了突破内部惯例外，企业在发展过程中还应重点考虑复杂的外部环境（曾萍 等，2013）。知识是企业动态能力提升的基础，通过组织学习可以提升组织柔性能力，从而提升企业突破惯例的能力（郑素丽，2010）。通过组织学习，突破原有主营业务能够促进企业获得更多的利润（蔡莉 等，2009）。学习型组织的构建和推动能够帮助创业型企业度过初期发展阶段（陈卓勇 等，2006）。组织架构的运行可以形成组织文化，并在企业发展过程中不断形成新的企业文化和创业精神，从而有效提升企业的动态能力（张晓军 等，2010）。

第三种分类是基于资源观点。资源视角指的是企业整合和运用资源的能力，以形成行业竞争优势的过程。在整合企业动态能力的过程中，核心能力应当被用来构建和培育战略性资产，同时在管理整合过程中识别企业内外资源之间的互补性，这是非常必要的。资源对动态能力有积极影响，通过动态能力，资源能够促进企业竞争优势的形成。在充分竞争的市场环境中，仅拥有资源并不能为企业带来竞争优势。企业需要通过不断提升动态能力，优化资源组合，创造新的竞争优势，才能获得持续的市场竞争优势地位。企业在资源整合的过程中逐渐形成一种持久的、能够迅速适应市场竞争的资源整合模式，从而创造更多的价值。企业应当具备高度竞争环境的感知能力，特别是在面对复杂的经济环境时，必须合理配置企业资源并进行内部结构调整，以提高企业适应环境的能力，应对市场变化并实现长期发展。市场环境不确定性对资源整合具有双向作用，企业动态能力的驱动和调节能够为企业带来竞争优势。在不确定环境下，动态能力能够促使企业连续并快速地更新、整合和重构资源，获得与外部环境相匹配的能力。在城市动态能力研究中，城市资源整合是城市综合竞争力的重要体现。

（四）动态能力构成要素

动态能力具有多个层次和多个过程。清晰地定义动态能力的维度结构有助于对企业的动态能力进行判断，进而对企业的动态能力等级进行划分，从而对企业的发展起到积极的作用。当前，在动态能力的维度结构上，学术界存在一些分歧，但整合重构、学习吸收和感知塑造这三个维度受到广泛关注和认可。整合重构、学习吸收和感知塑造是企业动态能力最为关键的三个核心要素，它们具有共性和差异，并彼此相互关联、相互制约、相互依存，体现了动态能力的核心内容。企业适应外部环境变化的能力和创新能力是这三个核心要素的外在表现。

（1）整合重构能力：整合重构能力是企业动态能力的关键之一，它能够帮助企业适应环境的变化。动态能力强的企业可以快速重新配置内部和外部资源，从而在快速适应环境变化方面获得竞争优势。换言之，整合重构能力就是企业资源流程中释放、获取、重组和整合的能力。佐哈等人（1995）也指出，企业长期进行重置、更新、整合和创造资源的能力是动态能力的一个重要方面，即重新匹配企业的管理方式和资源。

（2）学习吸收能力：佐哈（1995）和乔治（1996）指出，企业动态能力的一个主要体现是吸收能力。他们从流程的角度对吸收能力进行了分析，认为将外部信息整合并转化为内部知识的能力和同业学习的能力是企业吸收能力高低的重要体现。这种能力使企业能够开发和创造新技术和新知识，以应对复杂多变的外部环境。佐罗和温特（1997）认为，企业通过代码化活动、归纳显性知识以及总结隐性经验等活动实现动态能力的演化，其中组织学习是重要的源泉之一。沃纳和拉沃斯（1998）认为，企业的创新知识、内部知识同化和外部知识获取能力是企业动态能力的重要因素之一，也是学习吸收能力的体现。

（3）感知塑造能力：感知塑造能力是企业关键决策者的重要职责，它包括寻找、识别和创造商业化机会的能力。这种能力是企业动态能力的重要方面和第一要素。通常具备该能力的决策者都具备一定的企业家精神。企业核心决策者在该能力的塑造过程中起着不可替代的作用。

除了以上分类方式，国内其他学者也对动态能力的不同方面进行了广泛研究。以动态能力为研究对象，李兴旺（2006）将其从环境洞察能力、价值链配置与整合能力、资源配置和整合能力等几个方面进行了分类。而Wu、Lin和Hsu（2007）将企业的动态能力分为三个层次，即企业的资源整合能力、企业的资源再配置能力和企业的学习能力。据焦豪、魏江和崔瑜（2008）所述，企业的动态能力主要是指企业对环境的感知、对变化的感知、对变化的适应、对技术的适应以及对企业的适应能力。基于罗珉和刘永俊（2009）的研究，通过模糊聚类分析，发现企业的动态能力包括：对市场的感知能力、对组织学习的吸收能力、对社会网络的吸收能力、对社会网络的依存能力以及对交流与协作的集成能力。苏敬勤和刘静（2013）则从复杂产品创新系统的视角出发，认为动态能力由市场感知能力、多组织协同控制能力和组织学习与吸收能力三个方面构成。最后，龙思颖（2016）从认知视角出发，将动态能力的概念维度划分为学习、整合、重构和联盟能力四个方面。

（五）动态能力理论内容

动态能力理论的研究内容主要涵盖影响因素、作用过程以及影响结果三个方面。这三个方面之间相互嵌套、互相影响，构成了一个完整的理论框架。

学者们主要从组织层面和个体层面探索影响动态能力形成的因素（Suddaby et al.，2020）。在组织层面，影响动态能力的因素包括组织资源、文化、结构、导向、学习和技术。组织资源中，财务资源、冗余知识、互补性资源、组织经验等对动态能力的形成至关重要，特别是在数字化转型和颠覆的背景下，互补性资源成为一个重要的组成部分（Teece，2018）。此外，通过将数字技术与结构、产品、流程相结合，企业可以进一步开发动态能力以实现价值创造。数字化转型程度以及信息技术使用水平对于塑造企业的动态能力具有重要作用（Warner et al.，2018）。研究表明，在企业中，数字化转型程度的不同与其动态能力的差异有着紧密的联系，其中，动态能力的水平直接关系到创新绩效（Lin et al.，2014）。数据资源对动态能力也有影响（Rialti et al.，2019）。数字化转型对于企业动态能力的形成具有正向作用（周文辉 等，2018）。此外，动态能力和数字化转型的成功相互促进，从而提升企业的绩效（Zomer et al.，2020）。在个体层面，影响动态能力的因素主要包括领导风格、个体认知、员工能力、领导经验和技能等。个体认知的差异性对动态管理能力的不同有影响，进而导致组织变革与绩效的差异（Helfat et al.，2015）。有效利用员工能力可以事半功倍地提升动态能力（Salvato et al.，2018）。环境因素、组织因素以及环境层面与组织层面交互因素的调节作用会影响组织和个人层面对动态能力的影响以及动态能力对绩效和竞争优势的影响。因为动态能力对企业竞争优势和绩效的影响，会受到外部环境的影响。众多文献分别从环境动态性、环境动荡性以及经济发展水平和政府政策等角度开展了研究。

从动态能力作用的角度来看，动态能力的作用主要通过中介传导机制在创新、数字平台、运营等方面体现，同时这些机制受到环境和组织因素的调节。在动态能力作用过程中，中介机制起着关键的作用。例如，Weerawardena 等人（2015）指出动态能力能够促进不同形式的创新，如产品创新、服务创新、流程创新，从而实现企业的国际化。此外，动态能力还可以将市场的知识转化为满足用户需求的活动，支持企业的创新活动，进一步影响企业的国际化。另外，Wilden 和 Gudergan（2015）构建了一个动态能力影响企业运营能力和绩效的模型，该模型指出，企业绩效不仅取决于动态能力本身，还依赖于比竞争者更快、更持续、更敏捷地使用动态能力进行企业运营。在动态能力作用过程中，调节机制也是十分重要的因素。环境因素如环境动态性（Eisenhardt and Martin，2000）、技术动荡性（Wilden and Gudergan，2015）、经济发展水平（Fainshmidt et al.，2016）和政府政策，以及组织因素如能力异质性（Drnevich and Kriauciunas，2011）、创业导向（Roberts，Negro，and Swaminathan，2013）、企业年龄（Zahra et al.，2006）等都是影响动态能力作用过程的重要因素。同时，环境和组织交互层面因素也很重要，这些因素体现在战略导向和环境动态性、丰裕度等因素之间的契合程度（Fainshmidt et al.，2019）。

从动态能力对结果的影响角度来看，很多学者都提出了动态能力能够帮助企业在短期内改善财务业绩，从而获取长期的竞争优势。在短期绩效提高方面，Kim 等（2011）发现，企业的 IT 能力可以提高其动态能力，从而在短期内提高绩效。这项发现是通过研究 IT 能力、动态能力和财务绩效之间的关系得出的。从情境依赖角度出发，赵兴庐等学者（2017）认为动态能力可以显著促进企业绩效。Winter（2003）验证了动态能力与企业的卓越绩效和生存能力之间的直接关系；Teece（2017）指出，无论企业规模大小，企业都需要利用动态能力创造经济租金和利润，以建立和维持卓越的财务业绩；Vanpoucke，Vereecke 和 Wetzels（2014）提出，动态能力可以提高供应链整体的利益共享和绩效。在获得长期竞争优势方面，动态能力可以有效提高企业的效率和灵活性，并推动企业进行组织结构改革，不断研发适应市场变化的产品。Mitchell 和 Skrzypacz（2015）通过对网络中现有企业和新进企业的调查发现，动态能力能够推动企业创新，特别是在新的市场环境下；Helfat 和 Raubitschek（2018）指出，创新能力、环境扫描能力和感知能力共同组成了生态系统协调的动态整合能力，影响企业的成长价值和生态系统的价值共创。这些特征都可以帮助企业获得长期竞争优势。

（六）动态能力理论的应用

经过二十余年的发展与研究，动态能力理论已成为企业理论研究领域备受关注的重要研究方向。根据文献综述和总结，近年来，动态能力理论主要应用于以下几个领域。

1.战略管理研究领域

传统基于资源的观点和基于能力的观点已经无法适应公司战略管理的不断发展。为了更好地服务于公司的战略目标的制定与发展，需要有新的研究理论。在此背景下，学者们首先将动态能力理论引入战略管理领域。Prange 和 Verdier（2011）认为探索能力和利用能力是战略视角下动态能力的两个维度，并发现动态能力显著地正向影响企业的国际化和创新绩效。Wohlgemuth 和 Wenzel（2016）通过对 283 个中小型企业的调查，发现运营和战略两个层次的能力惯例化都会对动态能力产生影响，并且在不同的组织能力实践中，动态能力也会发生变化。Monteiro（2017）从动态能力的角度考察了企业知识资源对企业绩效的影响，并提出了"以知识为基础的战略导向"的观点。Fainshmidt 和 Frazier 等（2019）从战略匹配视角分析了动态能力的最大效用发挥时间，以促进企业绩效的提高。

李彬等（2013）以两个经济型连锁饭店为例，基于战略管理理论，发现二者在"感知""获取"和"转化"三个维度上存在差异，进而提出"管理"和"创业"两类动态能力，并揭示其对操作和主观过程的作用差异。唐孝文（2015）采用纵向案例研究法，从理论和实证两个方面，构建了一个动态能力的理论模型，并对其影响企业转型的机制进行了探讨。研究发现，在企业转型过程中，企业对环境的洞察力、设计计划力、领导力和企业的自主性等因素，都会导致企业在转型过程中产生动态能力，产生战略转型。

2. 创新管理研究领域

企业的创新作为其对复杂动态环境的最大贡献，也是决定企业未来发展方向的关键因素。因此，在企业创新管理中，企业的动态能力也被引入企业创新管理的研究之中，并逐步加深了对其的研究。McKelvie 等人（2009）以四家出版业典型公司为研究对象，对其网络创新行为进行了实证研究，结果表明，网络创新行为的动态能力强度差异会对网络创新行为产生影响。企业的动态能力越差，则越有可能实现突破性创新。Chiua（2016）将企业的动态能力分为识别能力、协调能力、自治能力和重构能力，并对其与企业突破性创新的关系进行了探讨。研究结果显示，识别能力是协调能力和自治能力的前因变量，协调能力和自治能力在识别能力与重构能力之间起到中介作用，而重构能力则直接影响突破式创新。Ringov（2017）以创新管理理论为基础，对影响企业动态能力的关键因素进行了剖析，为企业绩效的改善提供了思路。在 Zhou（2019）的研究中，技术创新与市场创新是影响企业的两大创新因素。最后，Ilmudeen（2020）从感知、协调、学习、整合、再配置五个层面对动态能力进行了剖析，将产品、过程、管理等创新因素引入动态能力与企业创新的关系中，探索了动态能力与企业创新、企业绩效的内在关系。这些研究结果表明，动态能力在创新管理领域中具有重要作用，能够促进创新和提升组织绩效。

国内学者彭新敏等人（2019）以 2001—2017 年海康威视为例，采用纵向分析方法，探讨了后发企业在技术追赶中的动态竞争优势。研究结果显示，后发企业能够以动态能力为支撑，感知技术范式变化所引发的机遇，并通过内外资源获取与重组，从起步阶段的追赶阶段跃升至产业前沿。此外，在技术转型的背景下，组织内部和外部的知识资源必须以动态能力为支撑，而企业则必须以机遇窗为导向，推动其动态能力演化。肖𫘬（2019）基于资源与机会的交互作用，研究具有不同动态能力的传统品牌权益与可持续竞争优势的作用机制。实证检验结果显示，当企业具有较高的动态能力时，传统的企业精神对品牌的作用将被弱化，因此成熟阶段的企业应当有能力辨别其动态能力的强弱。动态能力是企业对其战略控制的强度，因此通过对其进行识别，能够使企业的战略目标更加清晰。

3. 组织学习研究领域

随着公司不断发展，新问题也逐渐浮现。这就要求管理人员采取适当的措施来应对。例如，通过"试错"等方式，他们可以从外界获得更多的经验，从而使公司更好地适应外界环境的变化。因此，将动态能力理论引入组织学习的研究中，已成为许多学者关注的焦点。Zollo 和 Winter（2002）

从组织学习视角探讨了动态能力的形成机理，并将其视为企业获得经验型和编码型知识的一种重要方式。通过分析组织学习机制在动态能力进化过程中的作用，他们强调了组织学习对动态能力不同方面的作用方式。在此基础上，Zahra（2006）提出了"创业导向"，通过影响新创企业内部成员、部门甚至企业间的相互关系，进而影响新创企业的风险承受能力。Chien和Tsai（2012）通过对中国台湾快餐业132个样本的调查，研究了企业组织知识来源、组织学习等因素对企业动态能力的作用机制。研究结果表明，组织学习和知识对于企业动态能力具有显著影响，并在此过程中扮演中间角色。这将会对动态能力领域内的组织学习应用研究产生重大影响。Tallott和Hilliard（2016）以单个纵向个案为研究范式，对企业动态能力的内在结构进行了分析，并探讨了企业动态能力产生的驱动因素。研究发现，在不同的动态能力结构中，组织学习具有不同的影响。Schilke（2018）基于动态能力的研究结果，提出组织学习是提升动态能力的重要因素。

魏江和焦豪（2008）通过对"创业导向""组织学习"与"动态能力"的内涵与测度，探索"强化创业导向"与"提升组织学习"的关系，构建并检验了三个维度的相互关系，从而构建并形成"动态能力自适应"的内在逻辑。葛宝山（2016）通过275次问卷调查，对企业创新文化、组织学习与企业动态能力的关系进行了实证分析。研究结果表明，在不考虑其他因素的情况下，创新文化对动态能力具有显著正向影响，而双元学习（即探索式学习和利用式学习）同样对动态能力具有显著正向影响。此外，双元学习在创新文化和动态能力之间起到了中介作用。卢启程（2018）从理论上探讨了企业内部学习与知识管理如何影响企业的创新，并检验了企业动态能力在其中的中介效应。通过实证分析，探讨企业在组织学习与知识管理两个维度对企业创新的作用机制。

三、多渠道整合相关研究

（一）多渠道整合的定义

国内外学者从不同的视角对渠道整合进行了定义。

从零售商的视角出发，Montoya-Weiss 等（2003）认为多渠道整合是指切换不同渠道的便利性程度。Ganesh（2004）将多渠道整合定义为一个全套系统，能够更好地加强公司的运作与经营。Bendoly 等（2005）将多渠道整合定义为某条渠道和其他渠道的交互程度，换句话说，是指渠道间转换的灵活性。Neslin 等（2006）指出，多渠道整合是基于顾客的使用目的从而开展多渠道整合，涵盖顾客的数据整合、渠道策略整合以及不同的渠道之间的交互整合。Vanheems（2009）将多渠道整合定义为可以集成的分销系统，可以推动客户在不同的渠道间的转换灵活性。Pentin 等（2009）则指出，多渠道整合一方面需要重视前台层面的整合，同时还需要聚焦后台层面的整合，也就是说，在确保为顾客提供一个统一的品牌形象的同时，还需深化公司的数据信息和管理等多方位的整合。David 和 Wallace（2009）认为，多渠道整合是指企业对传统在线渠道、实体渠道和移动商务渠道之间高度复杂的关系进行有效协调的一系列活动。Godfrey 等（2011）认为，多渠道整合是公司支持多渠道运转的信息系统，包括多条渠道之间的运输、信息以及交易的整合。Chiu 等（2011）指出，多渠道整合就是线上渠道与线下渠道间的转换性和协作性。Herhausen 等（2015）认为，多渠道整合是指不同渠道间的交互程度。Cao 和 Li（2015）将多渠道整合定义为公司对多种渠道的规划、分配以及目标的协同程度，多渠道整合能够在产生协同效应和规模经济的同时，还能够提高公司的运营能力。张沛然等（2017）认为，多渠道整合是指零售商为了满足顾客在不同渠道的消费需求而实施多渠道战略，可以在不同的渠道之间自由地来回转换。常明哲（2019）提出，多渠道整合是对零售商不同类型资源的协同和分配管理，如顾客数据、物流数据以及其他信息资源，从而能够在各种渠道间开展互动和转换活动。庄贵军等（2019）提出，多渠道整合是指企业通过各种渠道和媒体协调管理，创造渠道之间职能的有效融合与交接，利用协同作用，提高企业绩效，满足顾客需求。Xin 等（2020）指出，多渠道整合可以定义为在线和传统渠道在不同营销活动中相互互动和合作的范围。于君英等（2021）将多渠道整合定义为零售商治理各种渠道，使其形成合作关系并互补，最终为顾客带来良好体验的治理方法。

　　从顾客的视角出发，Goersch（2002）认为多渠道整合是指同时管理线上与线下等渠道，以达到使顾客在切换渠道的过程中拥有相同的购物体验。Berman 和 Thelen（2004）将多渠道整合定义为多渠道零售商同意顾客在某一渠道上得到产品的信息，但是在另一渠道上购买该产品，同时还能在另外的渠道中提货和退货。McGoldrick 和 Collins（2007）认为多渠道整合是指零售商能够支持顾客在购入材料的过程中，基于自身的喜好和需求，在多种渠道之间灵活地改变购买方式。此外，吴锦峰（2014）认为多渠道整合是指公司同时拥有线上渠道和线下渠道，能够使得顾客与公司交互过程中切换不同渠道可以赢得相同的感受。Verhoef 等（2015）提出多渠道整合旨在提高跨渠道的性能和顾客体验，让顾客在购买过程中能够同时实现线上和线下渠道互动，为达到顾客在多种渠道间转移变动的便捷，多渠道整合将集成多种渠道为一体化的分销体系。此外，Hübner 等（2016）和 Cummins 等（2016）指出，多渠道整合可以使零售企业提供顾客在各个渠道之间灵活地相互转换，并使得顾客拥有较好的体验。Cao 和 Li（2015）认为多渠道整合会使顾客产生利益，包括良好的体验以及提升满意度。周飞等（2017）提出，多渠道整合是企业为了使顾客在多种渠道之间获得一致性体验，企业充分发挥自身优势，在多种渠道之间运用恰当合理的策略充分地与顾客进行线上和线下等互动。任成尚（2018）指出，多渠道整合是公司与顾客间的各种交互整合起来管理，例如网站、线下商店、电话等，能够相辅相成，并满足顾客的各种需求。Wu 等（2021）认为，多渠道整合是指在现有渠道设计的基础上，通过整合不同渠道来提供卓越的顾客体验，对各种渠道的服务水平、购物过程以及信息进行整合设计。

（二）多渠道整合的维度

关于多渠道整合的构成要素，学者们有不同的看法。

国外学者 Gulati 等（2000）将线上与线下的渠道整合划分为四个方面，即品牌、管理、运作和资金。Robey 等（2003）提出离线和在线环境之间的系统关系，包括强化、协同、互惠和互补性。Berman 和 Thelen（2004）指出，有效的多渠道整合战略应该包括促销活动的高度一体化、跨渠道产品的一致性、消费者的信息共享、库存数据以及产品信息等多方面的整合。Sousa 等（2006）提出了包含实体、虚体以及整合质量的概论，并将多渠道整合划分为四个维度，即顾客与渠道交互整合、线上与线下操作整合、服务供应链整合以及技术信息系统整合。Bagge（2007）将多渠道整合划分成增加新渠道形式、渠道间基本因素一致、多渠道运作熟练、跨渠道提高和跨渠道运营优化五个维度。Lee 和 Kim（2010）认为，多渠道整合包括多渠道间信息一致、多渠道间服务互补和多渠道间自由转换和多渠道间互惠等四个维度。Oh 等（2010）提出，在线下商务机会与互联网结合的环境下，多渠道整合有六种整合方式，分别是产品与定价信息整合、交易信息整合、促销信息整合、信息获取整合、顾客服务整合和订单执行整合。其中，前三个维度较少会同顾客交互，主要是基于网络技术来访问数据库，并利用线上渠道来传递服务；而后三个层面是指与顾客高度交互过程，它的实现要求零售商对顾客支持有形服务。Zhang 等（2010）基于客户的体验提出五种零售商协同整合策略，即多渠道客户的交流与促销、利用渠道获得的客户信息助力不同渠道的制定策略、对比不同渠道的价格、数字化各个渠道的客户信息和共享各个渠道零售商实物资源。Hsieh 等（2012）将多渠道整合划分为三个维度，即渠道可达性、信息一致性及个人信息整合。Piotrowicz 等（2014）认为多渠道整合可以分为：整合促销、整合交易、整合价格、整合订单履行、整合逆向物流、整合产品信息以及整合顾客服务。Wu 等（2015）研究发现线上与线下渠道整合战略对顾客购买的不同阶段的影响程度互不相同，并且依据购买流程划分成顾客购买前、购买过程中和购买后三个阶段的整合战略。Cao 和 Li（2015）则提出多渠道整合涵盖了市场宣传、订单执行、信息获取的整合，还包括价格、服务与组织变化。Jiang 等（2015）认为多渠道整合可以划分为信息整合、顾客服务整合，以及多种方式的渠道接入，也就是能够通过各种渠道得到公司提供的服务等。Lee 等（2019）提出多渠道整合维度包括渠道服务的多样性、配置的透明度以及一致的内容和渠道整合流程。Hamouda（2019）在开发挖掘出衡量多渠道整合质量的概念框架的基础上，提出多渠道整合从渠道与顾客交互感知、供应链服务、IT 信息技术系统和线上虚拟端结合实体操作端四个方面进行。Hossain 等（2020）根据零售商销售流程，将多渠道整合划分为顾客服务整合、销售流程信息整合、订单履行整合、业务信息整合、信息收集整合和产品营销信息整合。Xin 等（2022）将多渠道整合划分为四个维度，即渠道访问的多样化、产品的一致性、用户信息的共享系统以及流程的集成。

国内学者吴锦峰等（2014）将多渠道整合划分为信息一致性、业务交互性、过程一致性和服务构造透明度四个维度进行深入探究。其中，信息一致性指客户通过各个渠道获取的信息是相同的；业务交互性指不同的渠道之间业务会产生联系；过程一致性指各个渠道的服务水平、服务效果和响应时间等是相同的；服务构造透明度指能够直接对客户选择何种渠道产生影响。李宜龙（2016）根据吴锦峰等（2014）提出的渠道划分维度，结合渠道间协同性和互补性，将多渠道整合划分为过程一致性整合、信息一致性整合和功能互补性整合三个维度来探究多渠道整合如何影响顾客感知价值。蒋侃等（2016）研究了多渠道整合对渠道互惠的影响，提出多渠道整合有三个维度，即渠道可达性整合、信息整合以及服务整合。此外，他还提出企业在实施全渠道零售时需要完善实体店网络、加强企业的数字化能力以及加强零售服务的一体化。张广玲等（2017）将多渠道整合划分为产品信息一致性、促销信息整合以及订单履行整合三个维度。张沛然等（2017）提出将多渠道整合维度分为 4 个维度，即渠道接入多元化、产品信息一致性、用户信息共享性和流程整合性。周飞等（2017）在实证研究中将多渠道整合划分为业务整合、过程整合、信息整合三个维度进行测量。其中，信息整合表示线上网络渠道与线下实体渠道之间有关货物信息、价格以及营销等方面的整合；业务整合表示企业能够准许客户在购物的各个阶段选择不同的渠道来完成流程，涵盖了提货、售后服务等整合；而过程整合则表示前后台之间的联系。齐永智（2017）将多渠道整合划分为渠道服务结构和整合互动两个维度。其中，渠道服务结构分为渠道选择自由度与服务构造透明度；整合互动涵盖内容一致性与过程一致性。渠道选择自由度代表消费者能够根据自己的意愿挑选渠道来购买产品；服务构造透明度代表消费者能够知道并分辨可选择渠道的不同之处；内容一致性代表消费者可以在不同的渠道了解所有商品信息及其价格等内容的一致性；过程一致性代表企业在为消费者提供服务的过程中，不同渠道的价格等是相同的。庄贵军等（2019）在研究中提出将多渠道整合分为多渠道一致性、多渠道互补性、多渠道协作性和多渠道共享性四个维度进行测量。其中，多渠道一致性定义为各个渠道在商品信息以及服务的水准等方面一致的程度；多渠道互补性定义为各个渠道间职能或优势互补的程度；多渠道协作性定义为不同渠道之间基于顾客相互合作与配合的程度；多渠道共享性定义为在各个渠道获得的数据信息并在不同渠道之间共享的程度。邓琪等（2022）在庄贵军等（2019）的研究基础上，以制造企业为调查对象，通过实地访谈等方式进行研究调查，将多渠道整合划分为多渠道一致性、共享性以及跨协作性三个维度。王举颖(2022)将多渠道整合分为渠道渗透性、营销一致性、信息共享性以及服务互补性四个维度，其中渠道渗透性是指采取某些手段治理渠道来实现多渠道整合；营销一致性是指顾客在各种渠道所获得的信息是相同的；信息共享性是指每条渠道之间在数据信息上能够整合；服务互补性是指在线上选择后能够自行在实体店取货或退换商品。

（三）多渠道整合的效果

关于多渠道整合的具体实施效果，学者们从零售商相关绩效、顾客反馈行为、渠道间关系研究等多个方面进行实证探究与理论完善，对多渠道整合在多个层次的作用效果展开讨论。

1.零售商层次

Neslin 和 Shankar（2009）提出对实体渠道和网络在线渠道进行整合可以为零售商完善销售成本结构、加强零售商品牌信任度、弱化不同渠道间感知差异化和提升零售商市场份额比例多个方面形成协同效应。Pentina 等（2009）提出多渠道整合可以通过不同渠道的广告信息一致性使零售商利润增加并且销售收入得以提升。Zhang 等（2010）认为多渠道整合能够提高零售商的财务绩效。Cai（2010）提出增加网络渠道可以提高实体店的销售额。Oh 和 Teo（2010）通过研究数名顾客的购买信息提出了多渠道整合可以给零售商提供高质量的信息以及高效的服务，还可以增加顾客的价值。MacDonald 等（2012）提出在线下商店中设立多渠道接触点对零售商品牌偏好的影响十分强烈。Gallino 和 Moreno（2014）发现多渠道间库存信息共享可以实现顾客对于零售商品牌信任程度的感知价值，降低感知风险，无论是对实体还是网络在线渠道都具有正向影响。Herhausen 等（2015）在研究中证明线上线下多渠道整合对顾客喜好、顾客购买意愿以及支付倾向有积极的影响，同时验证线上线下多渠道整合提升了零售商竞争优势。Verhoef 等（2015）还提出多渠道整合能够促进零售商销售量的提高。Cao 和 Li（2015）探讨了 70 多家零售商在四年内的多渠道数据，结果表明多渠道整合能够刺激其销量并使零售商绩效提高。吴锦峰等（2016）以 O2O 中的零售商为研究对象，探究多渠道整合对零售商品牌权益的影响效果。研究结果表明，交易、促销以及产品与价格信息整合会通过线上商店态度积极影响零售商权益，而促销信息整合、顾客服务整合、产品与价格信息整合以及信息获取整合则会通过线下商店态度积极影响零售商权益。齐永智（2017）认为，多渠道整合可以使零售商持续获得收益并且具有规模经济的能力，从而为企业带来多渠道的协同效应。倘若缺乏多渠道整合，不利于维持与顾客之间的合作关系，甚至还会使渠道之间产生冲突。Tagashira（2019）认为，在多渠道零售中，多渠道整合是一种关键战略。研究发现，多渠道整合与成本效率呈正相关，零售商在电子商务方面的经验程度和面对面服务水平会降低其效率。Song 等（2020）的研究显示，通过多渠道零售方式，企业为顾客带来了便捷的消费方式，实现了企业和顾客的双赢模式。崔兴文等（2021）通过探讨我国 61 家上市实体零售商在 7 年内的信息数据并分析多渠道整合是如何影响绩效的，研究表明，多渠道整合和零售商的盈利水平呈倒 U 型曲线关系且收入水平间呈正相关关系。Jones 等（2021）认为，根据顾客多元化和个性化需求，零售商通过多渠道整合能为顾客提供不同渠道选择，这会促使零售商从中获利。

2. 顾客层次

Dholakia 等（2005）提出，开展多渠道的意义是为了应对激烈的市场竞争环境。他将多渠道中的消费者分为四种类型，即目录消费者、实体消费者、线上消费者以及跨渠道的消费者，并对他们进行了探讨。结果表明，跨渠道消费者的比例逐渐增多，且这类消费者的购买总额比其他渠道的消费者要大。Kumar 等（2005）提出，多渠道整合能够使顾客十分积极主动地与零售商沟通交流，从而使零售商拥有更多的潜在顾客并为其带来较多的收入。Bendoly（2005）提出，多渠道整合能够降低线上渠道不可接触性对顾客带来的负面影响。Lee 和 Kim（2010）通过研究认为，企业实施多渠道整合能够提升顾客对企业的忠诚度，从而能够长久地留住顾客。Schramm 等（2011）从顾客的角度出发，研究发现多渠道整合积极影响其对企业的忠诚度，且整合的多渠道系统可以为顾客提供一种简便的方式，使其在多渠道系统之间完成跨渠道交易并促进顾客的购买行为。此外，还提出多渠道之间的互补性和协同性有利于提高顾客感知价值和提升顾客满意度，并实现顾客购物倾斜。Bock 等（2012）的研究表明，顾客对企业的信任会在企业开展的多渠道之间转移。这是因为在实体渠道感受的顾客会加强对线上渠道产生的信任感。因此，多渠道间信息和服务一致性可以实现顾客对企业信任程度最大化。Gallino 等（2014）同样认为，多渠道整合可以使得顾客的感知价值增加，为其带来良好的购物体验。齐永智和张梦霞（2015）通过构建模型提出，多渠道整合积极影响顾客忠诚，且线下渠道服务质量的提升有利于多渠道整合。沙振权等（2015）基于传统线下企业进行研究，提出多渠道整合积极影响顾客自线下至线上的信任转移。其中，渠道构造透明度和信息一致性能通过影响顾客的线上信任从而提高跨渠道保留意愿。此外，业务关联性和过程一致性正向影响顾客跨渠道保留意愿。周飞等（2017）基于对 200 多位渠道消费者的数据研究，提出多渠道整合有利于提高顾客与企业之间的沟通交流质量，从而加强顾客保留意愿，降低顾客流失率，保证顾客与企业之间保持较大的连接性。齐永智（2017）认为，多渠道整合是治理零售商与顾客之间关系的一种手段，可以提升顾客满意度并保留这些顾客，同时还可能会带来潜在利益。汤定娜等（2018）通过构建零售商渠道整合质量对顾客线上购买意愿的模型，认为多渠道整合能够促使顾客跨渠道购买意愿并且对网络渠道产生信任，从而使跨渠道顾客保留以及增加其购买次数。赵绿明（2019）在 323 份有效问卷的基础上探讨了在多渠道整合过程中零售商如何影响顾客的忠诚，研究表明多渠道整合正向影响顾客忠诚，并且有助于零售商更好地满足顾客的需求，提高零售商的收益水平。Hossain 等（2020）通过实证研究调查评估得出，企业通过对多渠道进行整合来提升顾客感知服务质量和服务体验，从而实现顾客感知价值的提升。Mainardes 等（2020）通过实证研究提出多渠道整合能够通过客户满意度调节服务质量与客户满意度以及服务质量与顾客忠诚之间的关系。然而，也有学者认为多渠道整合对顾客忠诚的影响具有复杂性。例如，Villanueva 等（2008）提出，通过不同的渠道取得的顾客对零售商的忠诚度会产生较大的差异。

3. 渠道层次

Steinfield 等（2002）提出，线上网络渠道与线下实体渠道的整合可以发挥渠道间的协同作用，即增加消费者对企业的信任、完善企业的结构、提高市场份额占比以及减少各个渠道之间的差异。Yan 等（2010）认为，随着电子商务的快速发展，许多实体企业越来越多地创建独立于现有实体渠道运营的电子商务渠道，这导致了密集的渠道冲突，而多渠道整合可以有效地消除渠道冲突，改善这些多渠道企业的渠道协调。Avery 等（2012）的研究发现，拥有线上渠道与目录渠道的企业增加实体渠道之后，在短时间内线上渠道并不会产生较大的变动，但是目录渠道的消费者会减少。然而长期来看，这些渠道的销量都会上升。Wagner（2013）提出，在不相同的线上渠道中跨越多渠道的协同以及互补关系十分重要，并且这种关系积极影响消费者的感知价值、满意度以及其偏好。Qian等（2013）的实证研究发现，新增零售渠道将会使零售商原有核心渠道销售业绩提高，顾客在零售商增加零售渠道后更多选择高质量和高价格的产品，从而使零售商销售绩效增加，验证了渠道间相互协同的效应。Herhausen等（2015）通过实验验证了线上线下多种渠道整合不会带来渠道冲突，而是会创造企业竞争优势和渠道融合。Pauwels和Neslin（2015）指出，拥有线上渠道和目录渠道的零售商增加线下实体商店时，这会减少消费者在线上渠道和目录渠道的购买意愿。然而，整体的购买频率会增加，并且会增加零售商的整体销售额。最终，线下实体渠道与线上渠道产生协同效应，从而增强零售商的竞争力并使利润得以提升。Zhang等（2019）的研究中提出，零售商支持顾客在线上渠道对产品信息进行搜索和了解，在实体渠道对产品进行感受和体验，再根据顾客选择在企业渠道间任一方式进行购买。这种零售商实现多渠道间互补有利于顾客对企业产生正向的感知价值。常明哲等（2020）基于调查800多名跨渠道的消费者，研究结果表明，多渠道整合积极影响跨渠道保留行为，且多渠道整合的三个维度即业务、信息以及服务整合能够加强各种不同的渠道之间的交流，提升零售商和顾客双方间信息数据的及时性以及全面性，并为双方产生双赢的局面。

此外，诚然众多研究基于多渠道整合做出了较为乐观的判断，提出多渠道能够将消费者的价值多样化并且可以使得消费者的疑惑与失望最小化（Gallino，2014）。然而，多渠道整合也会存在风险与缺点。Van等（2006）认为多渠道整合会给企业造成负面影响，这是因为渠道之间会存在排挤效应。Falk（2007）则提出，在多渠道整合过程中，某一渠道的有利优点也许甚至会被另一渠道的缺点抵消。Verhoef（2007）进一步指出，多渠道整合中会增加顾客在某一渠道获取信息却在另一渠道消费的可能性，这种现象会导致想要新增网络渠道的线下商店受阻。Zhang（2010）认为，由于渠道之间存在不同的特点，如价格等，缺乏互补性，使得企业不能较好地完成整合，也无法实现协同效应。

四、物流能力相关研究

（一）物流能力的定义

现如今，经济全球化、技术进步以及市场中日益激烈的竞争将不断促使企业突出其掌握的各种资源和技能，以期在优胜劣汰的市场中获得稳定的发展和优异的企业绩效。企业资源被视为企业所拥有或处于控制中的要素集合，包括企业资产、作业程序、知识技能等。而企业能力是指企业对自身所掌握的资源进行合理配置并发挥其生产和竞争作用的效率。能力在国内外战略管理文献中被广泛提及，它是知识、技能等因素的复杂组合。企业整合优秀技能和资源的效率高低代表了该企业在市场上超越竞争对手的能力。优秀的企业能力可以有效提高和维持企业在市场中的竞争优势，并实现优异的绩效。物流能力作为企业能力中不可忽视的一种，对企业绩效的影响仍然极为显著。企业自身物流能力水平的高低会直接影响到企业整体发展情况。因此，构建一个具有独特性的、可持续发展的物流能力对于寻求发展的企业来说显得尤为重要。由于其独特性和重要性，有关企业物流能力的话题一直以来都是国内外学者关注的焦点。测量物流能力的量表也已被开发并运用成熟。然而，在定义内涵及对物流能力的认识方面，尽管各个学者从不同的维度进行了全方位的分析探讨，但目前仍存在分歧。

由于物流能力的重要作用，它被纳入企业的发展战略中。在许多上市公司年报的"管理层讨论与分析（MD&A）"这一部分中，物流能力被广泛提及。David（2012）认为，物流能力是一种可以将已有的物流资源进行整合，为客户提供特殊的多元化需求的能力。它可以有助于企业对其物流活动（如原材料和产成品的库存情况和运输环节等）进行有效的管理，并且将其与供应链敏捷性相联系起来，通过内部和外部两个层面创造企业的供应链能力，提高供应链整体绩效水平。在企业内部，物流可以通过加强与其他业务部门的紧密联系，提高计划、交互协调能力以实现企业内部的跨职能活动。对于企业外部，物流能力可以延伸至企业框架结构之外，包含供应商和客户。优秀的物流能力可以优化库存，减少库存冗余，促使库存成本的降低，形成良好的经营效率。同时，其为客户提供增值服务，提高客户满意度和客户信任，从而赢得客户价值。Chien 等（2013）将物流能力看作是一系列技术、资产和积累的集合体，通过高效的组织流程和进度，使企业能够充分协调各阶段的物流活动并充分运用资源以达到客户的要求。换句话说，物流能力就是特定的物流服务商，通过对供应链整体中各个环节的管理与整合，为客户提供一种"一站式"的物流购物服务，以求达到客户的期望值，从而提升其市场竞争力，实现卓越的企业业绩。他们在研究中提出，物流能力可以定义为物流服务供应商识别、利用和吸收内部和外部资源或信息以促进整个物流的能力和满足顾客的物流需求，追求更好的服务和绩效表现。在 Chien 等学者（2013）的研究中，研究人员将物流能力概念化为一种二阶结构模型，包括三种维度，分别是服务、灵活及创新。这三种维度基本囊括了物流运输过程中的各个方面，也基本都可以反映出物流管理活动中所需要的跨职能部门的能力。除此之外，物流能力是企业实施准时制生产和基于时间价值竞争战略的关键因素。在此竞争战略下，原材料和产品的交付速度、可靠性、灵活性及反应速度是企业客户服务的关键因素。物流能力的高低在很大程度上决定了企业的发展。

高效的物流运作模式会有助于创造更为优秀的客户价值。物流能力作为一种核心竞争力，势必需要让管理层提高重视，集中相应的资源及技术发展自身物流能力，从而提供更具有竞争力的服务。马士华和孟庆鑫的研究表明，物流能力是指企业从接受客户订单开始，到处理订单、分拣、运输、配送至顾客一系列流程中，企业在响应速度、配送准时性、货物完好无损等方面所表现出来的综合反映。换句话说，物流能力也可以被理解为企业自身所建立的物流系统的物质结构在市场中的客观能力，此外还包括企业管理者对于企业物流运作过程的组织协调能力的综合反映。因此，在马士华和孟庆鑫的研究中，将物流能力视为三种要素进行研究，即有形要素、无形要素和综合要素。其中，有形要素指企业所拥有的物流设施设备的处理能力；无形要素指企业在处理物流活动时，物流管理人员所表现出的组织管理能力和协调沟通效率；综合要素则是指企业将有形要素和无形要素相结合实现的物流能力。具体表现为企业对客户订单的处理效率，而目前备受学者和社会各界所关注的大都集中于综合要素。此外，物流能力应该得到持续性、有效的发展，以避免企业自身核心竞争力遭到竞争对手的模仿，从而蒙受市场损失。以沃尔玛为例，其采用全球定位系统对物流配送车辆进行定位并不断提高系统精度，这样在任何时候配送中心都会随时随地地知道车辆的具体位置以及精确估算出所需要的具体配送时间，由此沃尔玛整体的配送效率得到显著提高。尽管其他众多零售商纷纷学习沃尔玛的配送系统，但最终却无法拥有与沃尔玛相同的物流配送能力。姜盼等（2019）提出新物流能力的内涵，并将其与新零售发展结合起来，认为新物流能力是对传统物流能力的调整和更新。具体表现在新物流能力有足够的基础支持新零售的发展，由此提出三个部分，即新物流主体、新物流客体和新物流载体。在研究中，新物流主体包括两个方面，即新物流服务主体和新物流需求主体。新物流服务主体指承担物流活动的组织，新物流需求主体指需要物流服务的委托组织。随着我国步入新时代，消费理念不断升级，消费者对产品的需求也由之前的"吃饱穿暖"转为"吃好穿好"，这表明新物流需求主体正逐渐发展壮大。为了满足消费者的新需求，新物流服务主体依靠数字化技术，加强与消费者的紧密联系，对消费者需求进行深入挖掘并分析其需求特征，以此进行精准营销，在提升消费者购物体验的同时创造有效的客户价值，进而形成优秀的企业绩效。新物流客体即是在新物流主体之间流动的物质实体（商品、消费品等）或虚拟物质（信息、服务等）。新物流客体基于新物流载体，在新物流主体的计划协调下，通过在不同主体间进行运输移动而实现其物流功能。在消费复苏势头持续增强的市场大环境下，以个性化、多样化为主要特征的细分市场得到迅速发展的契机，且伴随着消费者对产品时效性要求的不断提高，更促使物流主体对自身物流能力提出新的要求。例如，佛山将鼓励并支持企业探索创新"统仓统配""多仓共配"等仓配一体化等先进物流模式，推动新型仓储模式创新，打通"最后一公里"配送难题。新物流载体指支撑物流活动顺利进行的基础条件。在过去，物流载体通常指传统运输设备等。但随着大数据、区块链、物联网、5G 技术等的不断成熟完善，科技进步为物流能力的发展提供了新的突破口。物流在搬运、流通、仓储等一系列环节中会产生大量的数据信息，而大数据技术则可以对这些数据进行深入挖掘分析。结合人工智能，可以优化配送路线，规避运输障碍，以最高效的途径进行物流配送。在仓储环节中，运用物联网可以建立智慧型仓储管理系统，实施监控产品从入库到出库这一过程的全方面信息。将新兴技术与物流载体相结合，可适当减轻物流系统的负担，推动物流系统向智慧化、数字化方向发展，从而提升自身物流能力。陈莹（2021）将物流能力定义为某一特定企业充分利用自身优秀资源和经济优势，对基础设施、发展理念、人力资源等环节进行有效调整，从而实现其物流运营效率达到最优化的核心目标。在研究中，陈莹重点将物流能力放在山东省区域范围内进行调研，并结合经济高质量发展的国家重大发展战略对山东省物流能力进行评价。通过收集 2010—2019 年的山东省物流产业数据及部分物流企业年终财务报告，并构建模糊物元模型计算山东省区域物流能力欧氏贴近度，最终将山东省区域物流能力分成三个阶段进行评价。以此为基础，研究者提出了我国区域物流能力的提升策略，以加速物流产业转型升级、提高物流人才培养水平、优化市场布局三个方面推动区域物流能力进一步发展。

（二）物流能力的构成要素

上文提到，能力可以被定义为：在组织流程过程中，企业内部各职能部门之间协调效率及对自身掌握资源的利用效率。基于资源的观点也充分表明，通过建立和使用高价值的资源和能力，企业可以获取并维持其竞争优势。国内外学者将物流活动与能力相结合，以此希望进一步提升企业核心竞争力。Fawcett 等（1997）认为，物流活动是独特的组织技能和过程，可以发展成独特的能力。研究人员运用资源基础理论，研究物流能力如何帮助企业实现关键战略目标，如何实现更高水平的组织绩效。了解物流能力内涵后，还需理解其构成要素有哪些。在相关的研究中，国内外学者主要通过实证研究的方法去挖掘各要素在物流绩效以及企业绩效中的影响和相关性。根据不同的研究背景和研究对象，对物流能力的构成要素总结如下。

密歇根州立大学全球物流研究团队（Michigan State University Global Logistics Research Team，简称 MSUGLRT）（1995）对物流能力的构成要素进行了深入调研。研究人员联系了 111 个来自欧洲、太平洋盆地、北美洲不同地区的企业，对其进行了访谈和调查，初步汇总了 32 种物流能力要素。经过筛查检验，最后确定了 17 种通用物流能力，之后将这些能力再分类为四个能力：敏捷能力、集成能力、度量能力和定位能力。MSUGLRT给出相应的结论，虽然在具体的企业环境中，某一特定的物流能力存在不同程度的重要性，但MSUGLRT认为这17种通用物流能力要素对于企业物流能力的影响是全方面的。可以说，MSUGLRT的这项研究为未来学者对物流能力的研究奠定了基础。Cho等（2008）确定了总共11种物流能力，其中一些是从之前的研究中采用的，包括售前客户服务、售后客户服务、配送速度、对目标的响应、广泛的分销覆盖、全球分销覆盖、选择性分销覆盖和低总成本分配，另外增加了三种物流能力，包括交付可靠性、交付信息沟通和基于网络的订单处理。此外，研究者将物流能力放入电子商务背景中，除物流能力外，共同探索了物流外包的作用及间接影响，并开发了相应的新型物流能力测量量表和物流外包和企业绩效的测量结构，进一步验证了企业所拥有的强大物流能力不仅是其在传统市场中取得良好表现的必要条件，在电子商务市场中也有类似作用。Stank等（2011）将物流能力分为客户关注、时间管理、集成、信息交换和评估。客户关注作为一种物流能力已经在国内外文献中被广泛探讨。这种以客户为中心的物流能力通过深入分析特定的客户群，充分掌握客户需求及客户痛点，从而提供独一无二的增值活动去满足客户预期。在细分市场中建立特定的物流渠道满足特殊群体需求，毫无疑问是客户关注方面的重要内容。高效的时间管理是另一种值得关注的物流能力。企业物流的整个过程是伴随着时间进行的，减少处理订单所花费的不必要时间、降低订单传输过程中的失真度对于基于时间竞争战略的买家具有强大的吸引力。有效的实施物流标准化、专业化，积极评估物流效率并不断改进，对于提升物流能力有着显著的影响。集成是另一个重要的物流能力，它是组织内部各要素的一种状态，对于实现组织目标所需要的共同努力是必要的。组织内部集成通常会面临两种问题：交互和协作。充分提高职能部门之间的协作意识，消除资源孤岛，增进共同体意识，有利于提高企业凝聚力和竞争力。信息交换也已经被证实是一种能提高企业绩效的关键物流能力。竞争的差异性很大程度上是由于信息不对称，提高信息交流的能力，即及时收集市场信息并将其整合从而加速调节组织对市场的反应，有利于促进职能部门间合作与沟通，保持工作高效性，避免不必要的损失发生。评估是最后一项重要的物流能力。物流评估能力可以有效评估物流活动的有效性和适用性。从内部来看，企业对自身物流能力的评估有助于其合理配置物流资源，不断改进工作问题；从外部来看，供应商和客户的评估会促使企业提高服务质量，继续识别和支持价值创造的活动，实现企业绩效。国内学者近些年也对物流能力的构成要素进行了总结。李启庚和张华（2016）基于电商行业，立足消费者视角，从物流运营能力、配送管理能力、信息管理能力、可持续发展能力等维度，探讨电商物流能力与客户忠诚的关系。对电子商务物流能力与顾客忠诚度之间的关系进行了探究，其中将物流能力从物流运作能力、配送管理能力、信息管理能力、可持续发展力四个方面进行评价。研究人员运用偏最小二乘的结构方程模型（PLS-SEM）分析检验模型，通过网络调查和发放问卷，得到具有良好信效度的研究结果。结果表明，配送管理能力与物流运作能力都显著影响消费者态度忠诚和消费者行为忠诚。其中，配送管理能力主要影响消费者态度忠诚，而物流运作能力更多地影响消费者行为忠诚。此外，信息管理能力仅对消费者态度忠诚具有影响力，与行为忠诚并无显著相关关系。然而，虽然可持续发展力与消费者态度忠诚的相关关系没有通过检验，但 T 值达到 1.476，特征值较大。由此可见，物流能力已经成为决定消费者忠诚度的关键因素，而消费者较高的忠诚度也决定着其较强的购买意愿。针对电商企业来说，应更加注重发展这四个维度的物流能力，不断保障顾客服务，积极加强与消费者的沟通交流，得到消费者的认可和满意度。刘华明等（2016）在探究物流能力与供应链整合之间的关系中，依据多数学者的观点，将物流能力分解为物流基本运作能力和物流信息能力进行研究。作为企业基本能力之一，物流基本运作能力要求企业以最低成本，在客户要求的时间内将产成品或原材料送至客户手中。高水平的基本运作能力体现出企业部门之间的物资流动和协调能力，也有助于增强客户对供应商的满意度并愿意向其分享生产计划和库存能力，从而增进双边合作。而物流信息能力则指企业所拥有的物流信息系统提供的物流信息价值。准确有效的信息可以有效支持供应商和客户之间的信息共享和交流。先进的信息技术（如 EDI、ERP 等）有利于减少双方的冲突和机会主义行为，提升互相信任，保证按时生产和供货。例如海尔公司充分应用 CRM（客户关系管理）和 BBP 电子商务平台构建起全球供应链的桥梁，做到了与客户的零距离，实现了海尔的三个 JIT（准时制生产方式）竞争战略，即 JIT 采购、JIT 配送和 JIT 分拨物流。在研究中，物流基本运作能力的评价从配送、柔性、低成本和顾客满意度几方面进行测量，而物流信息能力的评价以物流信息共享和物流信息技术两方面进行测度。研究人员同样采用结构方程模型对概念模型进行了实证检验，结果表明物流能力（物流基本运作能力和物流信息能力）对供应链整合具有显著的正向作用，同时还表明企业间伙伴关系对物流能力具有显著的正向作用。在生鲜食品行业，刘建鑫和王可山（2018）针对物流活动特点，构建出电商生鲜食品物流能力评价指标体系，并以具体电商企业肉类产品为例，做出相关理论贡献。在研究中，研究人员将该电商企业物流能力分为建设管理能力、员工素质、风险控制能力、仓储管理能力和运输配送能力，并在二级指标下分别设立三级指标，以此构建具有 5 个二级指标、19 个三级指标的电商生鲜食品物流能力评价体系。消费者对于生鲜食品的要求从数量到种类多样化，再到追求高品质高安全性，这就要求电商生鲜食品企业需要实施措施去改善自身物流活动。刘建鑫提出，要建立专用的风险反馈渠道，避免物流活动中的信息失真和延误，并加强制度完善，提升仓储管理能力，减少因管理不当产生的费用损耗，加快物流人才的培养，逐步推进物流能力专业化、科学化。

侯媛媛和金琰（2021）在海南省建设自由贸易港及"一带一路"背景下，构建了符合海南省具体情境的生鲜农产品电商物流能力的指标评价体系，并对海南省生鲜农产品电商物流的现状进行了分析。研究人员将物流能力分为物流设施、技术水平、物流运营、要素保障和经济环境5个二级指标，并在此基础上进行了细化，最终得到21个三级指标。物流设施包括物流网络密度、生鲜农产品运输车辆数量、公路通车里程、港口货物吞吐量和生鲜农产品物流固定资产投资额等方面，这些是保证物品以最低损耗从生产地到消费地的必要条件，也是物流活动不可缺少的物质基础。这5个三级指标反映了海南省电商物流的基础设施水平。其中，农产品的快递数量、移动电话普及率、长途光缆线路的新增长度以及互联网宽带接入的用户所占比例等都是技术水平的具体表现。随着科技水平的进步和市场经济的不断发展，物流业逐步专业化、科学化，技术是推动物流业发展的第一动力，在提高物流能力方面具有显著作用。物流运营主要从物流周转量、物流费用、物流总额以及海南交通运输、仓储和邮政业增加值、快递业务收入等方面反映了电商物流活动过程中所需的费用及产品增加值。第四个指标要素保障体现在信息传输、软件和信息技术服务业从业人员占比、运输、仓储和邮政业从业人员占比、信息传输、软件和信息技术服务业平均工资以及交通运输、仓储和邮政业平均工资等方面，这些反映了行业对于人员保障的重视程度。最后一个二级指标经济环境主要体现在社会消费品零售总额、城镇居民人均可支配收入、城镇化率等方面，从宏观角度反映出目前海南省生鲜农产品电商物流所处的经济环境情况，以此对物流能力进行深入分析。

由上述文献研究可知，当前关于物流能力的构成要素仍未达成统一标准。这是因为构成物流能力的要素过多，且处于不同背景下的学者对其关注点各不相同。基于此，本书在前人研究的基础上，将物流能力分为"服务能力"和"灵活性能力"两个维度进行测度。

（三）物流能力的影响

随着互联网、电商平台等的迅速发展，消费者可以利用各种不同的渠道迅速地搜索到商品信息，从而购买到自己想要的商品。消费者对服务质量的体验逐渐转向物流服务方面。因此，众多商家由服务质量竞争逐步转向物流能力竞争方面。肖炜华（2020）基于传统 TAM 模型并依据具体情况将其拓展，将物流能力分为两个维度，即物流配送速度和物流配送质量，并从渠道视角、消费者视角和零售企业视角对我国现阶段零售业和消费者渠道选择的联系进行实证研究。研究人员将配送质量细化为收到商品的质量和售后服务质量。研究结果表明，物流配送速度以及物流配送质量与消费者对渠道的选择呈显著正相关性。在网购过程中，消费者对物流能力的感知水平是影响其进行渠道选择的重要因素。从消费者视角来看，消费者除了重点关注所感知到的商品质量外，也会关注物流服务的安全性、可靠性和准确性。消费者对物流服务的感知风险会削弱其选择意向。在信息化时代，商家会在服务中大量投入人力物力增加自身物流能力以提高消费者满意度和忠诚度，增加用户黏性。杨扬和李莉诗（2019）基于 BCC 模型结合 CCR 模型对关键因素进行辨别，分析了昆明市国际陆港物流能力和社会经济发展的有效程度。研究人员将物流能力拆解为进出口贸易总量和货运量两种指标，社会经济发展指标则选取该地区生产总值、固定资产投资、城镇单位职工年平均工资以及年末从业人数。研究人员将昆明市与其他多个城市进行对比，结果表明：国内陆港城市物流能力与社会经济发展协调程度较高，各陆港城市发展较为均衡。影响其协调发展的主要因素在于基础设施的完善和各陆港城市间的关系。其次，国际陆港城市物流能力在协调能力中占据主导地位，城市的建设完成度对物流能力和经济社会协调发展也有一定的影响。据此，研究者提出以下四点建议：①城市需要不断完善基础设施建设，提升自身物流货运能力，增加货运量；②推动城市建设，提升陆港城市的核心竞争力；③将国际陆港城市核心产业优势纳入考虑方案，找准城市重点发展定位；④增强国际陆港城市的可持续性意识，减少机会主义行为，以协调合作促进全方位多层次宽领域的发展关系，着眼于未来长远利益。此外，张旭和袁旭梅等（2020）也就区域物流的发展提出了自己的见解。研究者利用云概率优势关系（云 PDR）方法，以中国七个区域和其中 20 个省（市）的相关数据作为样本进行评价，并根据评价结果从"综合水平–波动"和"投入–产出"两方面对样本进行分类。

制造业的不断扩张驱动着企业对物流活动的需求，而物流过程中因各种不确定性导致的交货速度慢、服务失败、客户抱怨、成本损失等问题对企业绩效是一个重大的打击。Mohd 等（2017）基于资源基础观理论，通过实证研究发现物流能力与物流绩效之间存在着显著的正相关关系。企业提供的服务能力和灵活性能力对于企业的物流绩效至关重要。高效的物流能力意味着企业可以更好地完成其物流活动的目标，这些目标包括准时交货、及时反馈、信息传递、对仓储有准确把握等。例如东风日产，在过去数十年间的发展是跨越式的，然而，由于业务量和渠道面的不断拓宽，对企业的物流能力提出了严峻的挑战。基于此，东风日产的供应链管理高层制定了"销售分离–运输统一"应对措施并上线 VLS 系统。在这个可视化界面中，每个经销商都可以精确地看到订单的物流状态，及时调整自身库存，优化物流衔接流程，提高了东风日产的整车物流能力。此外，研究人员还将企业规模这一调节变量加入物流能力–物流绩效关系中。结果进一步表明，企业规模（大型和中小型企业）对物流能力和物流绩效的关系产生了显著的调节作用。具体来说，与大型企业相比，中小型企业的调节作用更强。这是因为中小型企业彼此沟通更加流畅，协作化程度更高，他们对于物流活动所需的技能也更加集中。

Siddhartha 和 Bala 等（2018）认识到随着竞争的不断加剧，当物流能力从传统的后勤职能转变为竞争战略职能时，对于那些寻求不断提升整体绩效的组织来说，认识到物流能力在竞争优势方面的应用是不可或缺的。研究者将物流能力视为具有战略价值的企业资产，并通过合理配置物流能力发挥其作用。研究结果表明，物流能力与组织绩效之间存在着显著的正相关关系。值得一提的是，研究者引入客户服务（CS）、组织灵活性（OFL）和成本领先（CL）三个个体变量，分别建立回归模型考虑它们与物流能力的关联程度。研究发现，与 OFL 能力和 CL 能力相比，CS 能力与物流能力的关联程度更高。以此为基础，企业管理者应持续关注客户参与度，投入相应的资源迎合客户的意愿，不断增强客户购后评价，提升客户满意度和忠诚度。此外，尽管 CL 能力和 OFL 与物流能力的关联程度没有 CS 能力高，但仍是提高组织绩效的重要因素。客户对产品价格和供应商应对风险的能力依然敏感，降低成本并提高灵活性以适应意外可以带来优秀的财务收益和市场份额。因此，组织需不断改进方法实现物流能力的提升以维持和发展客户群。

国外学者 Miloš 和 Zoran 等（2020）根据对塞尔维亚 340 家中小型企业的调查研究，发现企业物流能力的所有权对企业的经济可持续性发展会产生关键影响。研究发现，就从偿付能力这方面而言，由于拥有内部和外部物流能力的企业能够使客户基础多元化，并且受其供应链中其他参与者的直接影响较小（由于供应链内部问题导致服务失败的风险减少），从长期来看在经济上更具有可持续性。结合国内外学者的研究，有助于企业管理者进一步了解物流能力的整体影响。

五、组织柔性相关研究

（一）组织柔性的定义

企业的潜力主要在于其资源的内在灵活性及其协调利用这些资源以实现战略目标的能力。更重要的是，企业可以通过有效地控制和使用其独特、不可替代和不可模仿的资源来产生可持续的竞争优势。伴随着外部环境的持续变化，有关组织柔性的研究逐渐兴起。由于外部市场环境的剧烈变化，企业愈发难以准确捕捉市场中的信息，不能迅速适应变化的市场环境将给企业的生产经营带来巨大的风险。此时，作为对外部动态环境积极适应与有效利用自身资源这一动态协调能力的集中体现，组织的柔性能力已经引起人们的关注。柔性管理对于企业在动荡的市场环境中生存是至关重要的。早期关于组织柔性的研究，最有影响力的学者是 Ansoff（1965），他最早将经济学中的柔性思想引入管理学界，并对其概念进行了界定。他认为组织柔性是指企业对外部环境的快速变化所作出的反应行为。这对后来者产生了深远的影响。在现阶段的研究中，不同学者从不同的角度对组织柔性给出了不同的定义。本书将从不同的理论视角进行简单阐述。

期权理论视角。Aaker 和 Mascare（1984）基于期权理论，认为组织柔性的内涵是企业在面临快速变化的环境时，可对自身绩效产生影响的应对调整能力。Harrigan（1985）提出了一种企业组织柔性能力的观点，即企业能够持续地调整自己以适应变化。

权变理论视角。Evans（1991）基于权变理论的视角也认为企业的组织柔性能力是帮助企业通过改变自身以快速适应复杂多变的市场环境的一种能力。Bahrami（1992）则将组织柔性定义为企业在生产经营活动中持续进行归纳改进，进而收获的快速适应动态环境的一种能力。Hemphill（1996）

指出企业的组织柔性是指企业快速改变自身，从而能够积极适应外部市场环境瞬息多变的一种能力。

环境动态视角。组织柔性不仅应该体现在被动地适应外部市场环境变化的能力，还应表现出积极探索新的市场机会、新的资源进而使自身得到发展的能力。Volberda（1996）将组织柔性定义为一个组织拥有各种管理能力的程度和被激活的速度，以增加管理的控制能力，提高组织的可控制性。在当前的市场竞争环境中，企业必须具备一定的柔性能力才能及时、恰当地对市场的各种变化做出反应。Phillips 和 Tuladhar（2000）进行了更深入的研究，他们得出结论，组织改变的速度要快于环境，并且组织柔性是一项组织能力，使一个企业能够保持或超越其所处的环境的变化。乐国林等（2020）将组织柔性定义为企业根据内外部环境变化而高效灵活地对组织文化和组织结构进行动态调整，加强企业竞争优势的一种能力。

动态能力视角。Nadkarni 和 Narayanan（2007）认为组织柔性指的是企业能够合理地分配自己的资源，并能够随着外部环境的改变而不断地调整自己的发展策略，从而能够迅速地适应市场的变化。Zhou 和 Wu（2010）认为组织柔性是基于对企业资源进行最大程度的利用的基础上，从而实现可应对市场变化的能力。Li、Su 和 Liu（2010）基于动态能力视角得出，组织柔性指企业在面临不确定性的情况下，对内外部资源进行高效的整合与分配，探讨如何实现价值最大化，从而快速获取非同寻常的收益与竞争优势。组织柔性由资源柔性和协调柔性组成，表示了一个组织能够适应所处的环境而具备的能力。它要求组织能够对环境的变化作出及时的反应，将资源用于新的行动策略，并在必要的时候，快速地采取行动，终止或颠覆现有的资源分配。Lam（2010）提出组织柔性可以被视为一个灵活的结构，其需要完成不断变化的、复杂的和持续不断的改进，灵活的结构有利于执行任何战略变化。Mbengue 和 Ouakouak（2011）提出战略层面的柔性被认为是一个组织在环境变化的基础上表现出快速战略变化、制定决策选项和投入资源的多样化和独特的动态能力。Arnold（2011）将组织柔性定义为企业对外部市场环境快速进行反应的一种能力。Beraha 等（2014）将组织柔性定义为企业为应对市场变化，增强自身弹性，提高组织结构的有机灵活化，进而得到快速适应环境变化的一种能力。同时，国内不少学者对此也作了较深的探讨，并获得了一定的成果。王迎军、王永贵（2000）认为组织柔性是企业为获得持续的竞争优势，主动调整自身战略以达到迅速适应动态环境的能力。万伦来、达庆利（2002）认为企业在面对不断变化的市场环境时，必须进行有效的资源配置，才能对其进行有效的反应。孙永磊（2014）将组织柔性定义为企业对外部市场环境迅速适应的能力，其特征与组织僵化和组织刚性相反。王军、江若尘和曹光明（2017）从组织的角度看，组织柔性是指一个组织能够迅速地对新的环境进行适应和变化的能力，它涉及组织的各个方面。从环境角度看，它指的是一个组织能够灵活地应对环境变化所带来的挑战。

资源基础观视角。Sanchez（1997）基于资源基础观，将组织柔性定义为企业对自身所有资源有效运用的能力。他认为，组织柔性是企业有效配置自身资源，并将其组合投入生产经营活动，进而获得持续竞争优势的一种能力。然而，由于资源基础观这一理论的前提是基于静态的视角来展开研究，在快速变化的市场环境中，这种不足阻碍了组织柔性这一概念的发展。Srinivasan 和 Swink（2018）提出，组织柔性是使组织能够在更动荡的环境中运作的组织能力，使供应链快速有效地重新配置其内部供应链以适应不断变化的需求和供应市场条件的能力。

发生过程视角。程鹏和毕新华（2006）从两个维度区分了组织柔性。状态柔性是组织资源的丰富度，它反映了组织资源在不断变化的环境中的灵活适应能力。这种能力能够帮助组织应对市场变化，满足客户需求，提高企业的竞争力。而行为柔性是一个组织面对外部环境的改变和不确定时所表现出来的一种自发的、灵活的行为，它是行为的结果。

组织管理视角。蒋峦、谢卫红和蓝海林（2005）将组织柔性划分为运作柔性、结构柔性和战略柔性。组织柔性的本质是组织变革和稳定之间的一种平衡，是在组织变革中保持组织的稳定性，在稳定中保持组织变革的有效性。为保证企业组织的有效性，管理者应建立一个具有控制能力的组织制度，这一系统使其能够准确地预见和把握变化并作出及时反应，从而保持组织稳定并实现组织变化的动态平衡。Dubey 等（2019）认为，组织柔性可以被视为组织设计任务和管理任务。组织设计任务是指组织能够及时响应突发外部变化的能力，这着重于组织的可控性或可变性，通常依赖于适当条件的创造，以促进组织的柔性。例如，创新灵活性需要多功能团队、减少层级和最小化流程规则等。其次，管理任务是指使组织能够应对动荡环境的管理能力。

组织资源的视角。基于 Edith，Penrose（1959）的企业成长理论研究，企业是一种资源的集合体，这种集合体不仅是一种投入，而且是一种能够为企业提供服务的资源。因此，Sanche（1995）提出观点，一个组织的柔性依赖于它所拥有的资源本身的灵活性，以及它在使用其他选择时所具有的变通性。本书主要从三个方面来分析：①可供选择的使用范围；②改变资源使用方式的代价大、难度大；③资源利用方式转变的时机。协同灵活性是企业运用资源的能力，它由三个方面组成：①识别资源的使用；②对目标资源链进行配置（确定并建立）；③利用已有的资源，对其进行组织体系与过程的合理配置。国内学者赵晓煜（2020）的研究中指出，组织柔性也可称为组织适应性。企业为了加快推动自身发展，需要快速响应并调动企业现有相关资源，高效调整现有组织结构以应对不确定性环境的变化。

（二）组织柔性的维度

根据不同学者的研究视角，将组织柔性划分为了不同维度。先前的研究已经为组织柔性的结构维度提供了多种方法。

1. 基于组织职能的维度划分

Gupta 和 Goyal（1989）认为，制造柔性是在企业的生产制造系统中提出来的，是指在不确定环境下或由环境引起的不确定事件下，为满足需求和交货期要求，具有快速变化能力和适应能力的一种柔性。在此基础上，一些学者结合价值链分析，将其划分为供应商、分销商、服务商等不同的生产环节，并进一步扩展了其概念与内涵，包括产品柔性、生产柔性、操作柔性、流程柔性、控制柔性、组件柔性、加工柔性等（Mandelbaum，1978；Taymaz，1989；Benjaafar and Ramakrishnan，1996）。Vokurka 等（2000）的研究基于供应链视角，将生产制造领域的组织柔性分为营销柔性、供应柔性、运营系统柔性和信息系统柔性。Pujawan 和 Nyoman（2004）的研究同样是从生产制造领域出发，将组织柔性分为产品柔性和资源柔性。在此基础上，部分学者从企业的其他功能角度对企业的柔性进行了更多的分类。从内涵上来看，人力资源柔性是指人力资源系统能够根据外部环境和公司自身的多样性要求，对人力资源管理和人才管理进行有效的调整和优化，对各种变化做出及时反应的能力（Milliman，Glinow，and Nathan，1991）。结合企业具有的财务职能，有学者进而提出了关于财务柔性的概念。即企业在充分利用现有资源、充分利用现有现金流、充分利用已有资本等的基础上，对不确定事件或投资机会能做出快速反应，及时采取相应的财务策略，把握有利的投资机会，实现公司价值最大化（Graham and Harvey，2009；Byoun，2011）。学者们从企业金融的角度来对其进行研究，将其分为三个维度：现金柔性、资本结构柔性以及支付柔性（DeAngelo and DeAngelo，2007）。此外，赵晓煜（2020）在研究制造业企业组织柔性对服务创新绩效和动态服务创新能力的影响中，从支撑服务创新的角度出发，将组织柔性划分为组织文化柔性、人力资源柔性、组织结构柔性进行探究。吕萍和李元旭（2021）从决策反应力、实现反应力和内部协调力三个层次对组织柔性进行分析。其他研究还包括产品开发柔性、供应链柔性、过程柔性、领导柔性、团队柔性、跨文化柔性和契约柔性等。

2.基于组织系统的维度划分

一些学者从组织的系统性和整体性出发，对组织柔性进行了重新界定，并提出了不同角度的维度划分。基于战略管理的视角，Ansoff（1965）将柔性从动态的角度分为内部柔性和外部柔性。他认为，外部柔性指企业战略具有的能够适应外部环境的能力。这一方面可以通过企业产品和市场的多元化来实现，另一方面也可以通过对竞争对手的分析，制定相应的应对策略，从而使企业在面临破产风险时能够保持相对稳定。内部柔性指企业在面临困境时所做的反应和决策，这一方面与外部柔性紧密相连，另一方面也需要依靠内部柔性来实现。Sanchez（1997）将柔性分为资源柔性和协同柔性两个层面。其中，资源柔性体现了企业已有的资源特性。它不仅体现了资源自身的使用价值和范围，还体现了企业可供使用的资源的能力。而协同柔性则是指企业组织结构的特点。这种能力是让公司资源能够在新的策略应用中完全运作的能力。可见，从这两个层面来看，这三种柔性是相互关联、相互作用的。此外，杨华胜（2016）根据组织管理层次和层级，将组织柔性划分为战略柔性、战术柔性和操作柔性。

从组织体系的角度出发，对组织柔性的维度进行了更深层次的划分。在研究组织柔性与企业绩效二者之间的关系时，研究者将组织柔性分为结构柔性、技术柔性、人员柔性、过程柔性、资源柔性、创新柔性、文化柔性（姜铸、张永超、刘妍，2014；项国鹏、张旭、徐立宏，2012）。还可以将其分为前瞻柔性、响应柔性；先动柔性、后发柔性（Evans，1991；Karri，2001；Celuch，2007）等维度。国内学者项国鹏等（2012）在研究组织柔性和绩效的关系时，将组织柔性分为技术柔性、资源柔性、文化柔性和结构柔性。赵忠伟等（2019）在建立组织柔性对中小型高科技企业成长影响机理理论模型的过程中，将组织柔性划分为能力柔性、资源柔性、文化柔性、结构柔性四个维度。

3. 基于量化方式的维度划分

根据组织柔性的量化方式，也可以将组织柔性进行合理的维度划分，包含单维度结构、二维度结构、三维度结构和四维度结构。

（1）组织柔性的单维度结构

焦豪、魏江和崔瑜（2008）从动态环境的角度分析，企业的柔性能力是企业的一种组织结构属性。它指的是企业通过柔性方式在动态环境中进行资源整合、业务重组、流程再造、知识创新和管理变革等活动，从而增强自身适应动态环境变化的能力。它主要承担着对企业权利和责任的分配，以及对企业的信息流设定等方面的责任。该单维度结构共包含条目4个，分别分析组织的"工作灵活性""工作模式""沟通渠道""战略转变速度"等几个方面。量表采用7点计分制，在该量表中，"非常不同意"用"1"表示，数字"7"则表示"非常同意"的意思。研究结果显示该单维度量表的信度较好。国内学者王军等（2017）也使用了该单维度量表测量实验，最终得出的信度为0.87，也证明了其信度较好。

（2）组织柔性的二维度结构

Leeuw 和 Volberda（1996）提出可以将组织柔性拆分成速度和程度两个维度。企业柔性是指企业对企业的控制和对企业的控制在一定程度上处于一种相对均衡的状态。这两种能力都需要以柔性化维度指数的速度和程度来体现，而这两种能力最终又都会对企业的运营绩效产生影响。Li 等

（2010）根据中国企业的具体情况，在动态能力经验的基础上，提出了一套组织柔性的测量表，并将其分为"协调柔性"与"资源柔性"两大类，共包含8个条目，包括资源柔性（4个条目）和协调柔性（4个条目）。量表采用7点计分制，在该量表中，数字1代表"非常不同意"，而数字7表示"非常同意"的意思。该量表测量出的资源柔性的信度为0.72，协调柔性的信度为0.81，这表明它们具有良好的信度。

（3）组织柔性的三维度结构

Slack（1983）的研究认为，组织柔性可以进行三个维度的划分，包括范围、成本和时间。Upton（1994）基于此观点，将范围再次进行了详细的分类，认为它包括同质异数量的产品或活动，以及不同性质的产品或活动类型的选择。成本是指一个机构在转变过程中所需付出的努力和花费；而时间则是指组织从一种形态到另一种形态转变所需的时间，且都与组织的柔性成反比变化。熊胜绪和李婷（2019）的研究发现，组织柔性可划分为三个维度，分别是文化柔性、技术柔性和结构柔性，并设计了相应的量表。总之，组织柔性反映了组织对资源配置的适应性、弹性和灵活性。该量表包括11个条目，采用5点记分。在该量表中，数字1代表"完全不同意"，数字5则表示"完全同意"。测量结果表明，三个维度平均信度为0.89，该量表信度和效度表现良好。

（4）组织柔性的四维度结构

吴万益、钟振辉和江正信（1999）认为，组织柔性可划分为四个维度，即正式化水平、集权水平、反应速率和部门互动，包括17个条目。刘景东等（2013）结合我国国情进行分析，最终选定了13个条目。结果表明，四个维度的平均信度均在0.8以上，信效度良好。Golden（2000）等人认为，柔性化的维度包括时间、目标、范围和焦点四个方面。其中，"时间"指一个机构在其所处的环境中作出反应所需的时间；"范围"指一个组织对已知和未知改变的适应能力能达到的程度；"目标"指企业在应对外部环境改变时采取何种对策；"焦点"指一个组织在哪些方面得到了柔性，从外部得到了柔性还是从内部得到了柔性。柔性的各个方面都互相影响、互相作用，而不是互相独立的，它们互相制约。

（三）组织柔性的作用

1. 组织柔性对企业的创新有促进作用

作为企业创新与创业的重要组成部分，组织柔性可以对企业创新和创业产生激励作用，推动企业创新。Kanter（1983）认为，由于创新的不可预见性，需要组织柔性的支撑。如果缺乏柔性管理方式，企业很难更好地激发并维持内部创业精神。Bolwijn 和 Kumpe（1990）的研究结果也证实了这一观点。从组织柔性的视角来看，柔性是组织创新的必要前提，而没有柔性的组织很难在组织中实现创新。

在此基础上，Utterback 和 Abernathy（1975）提出了一个"流程－产品创新"的模型，并提出了一个"流程－产品创新"的理论。他们认为，只有具有柔性的企业才能更好地适应并应对外部环境变化。Voblerda（2005）指出，通过灵活运用现有机遇来构建适当的惯例，可以激发奥地利人的创业精神，并促进不断的创新。组织柔性可以通过创造新的机会和打破常规，产生"熊彼特"式的企业家精神，带来革命性的创新。周玉泉，李垣（2006）通过实证分析得出结论，资源柔性越大，越利于渐进式创新，越不利于突变性创新。同时，能力柔性越大，则越有利于企业的突变性创新和渐进性创新。此外，邢丽微（2016）基于 311 家企业样本数据，提出组织柔性对原始性创新具有正向影响，并且组织柔性在组织忘记和原始性创新之间的关系中起中介作用。在面对竞争加剧、技术飞速进步等压力下，制造业服务化转型正在逐步深入。熊胜绪和李婷（2019）提出，从企业技术创新动态能力的角度出发，影响其产生的主要因素可以分为两个方面：一是企业组织结构的柔性；二是企业文化的柔性。他们认为，在企业技术创新的动态能力中，最主要的两个因素就是组织的结构与文化的柔性。因此，在提升企业动态技术创新能力方面，应该着重对这两个方面进行强化。赵晓煜等（2020）通过实证研究，发现了制造企业组织柔性与动态服务创新能力和服务创新绩效之间的关系，动态服务创新能力在组织柔性影响服务创新绩效的过程中发挥重要的中介作用。

2. 组织柔性能提高企业绩效

Volberda（1996）认为，在激烈竞争的动态变化环境下，组织柔性是维持竞争优势的一个关键条件，要取得优异业绩，则需要具有很强的柔性。组织柔性对企业绩效的提高具有正向影响。Abbott 和 Banerji（2003）选择了世界500强的263家跨国公司作为研究对象，使用 ROS、ROA、EBITM等指标来衡量其财务业绩，并证实了组织的战略灵活性与其财务业绩之间存在着正相关关系。

国内学者对于柔性的研究也有了一些进展。王铁男、陈涛和贾蓉霞（2010）的研究结果显示，不同的柔性对公司绩效有不同的作用。其中，能力柔性对公司绩效有明显的作用，但资源柔性对公司绩效没有明显的作用。姜铸（2014）的实证结果表明，企业的服务水平与企业的绩效呈正相关。服务水平通过部分调节结构柔性、人员柔性、资源柔性和文化柔性对公司绩效的影响，并通过完全调节创新柔性对公司绩效的影响。熊胜绪和李婷（2019）的研究表明，组织柔性直接影响了企业创新绩效。在技术创新过程中，通过对组织柔性的整体强化，可以有效地提升企业的技术创新绩效。勾丽，丁军（2020）提出并验证了观点，组织柔性对资源拼凑和公司绩效二者的关系起到了积极的正向调节作用，但在调节作用上不完全相同。组织柔性在制度拼凑与公司绩效的关系中起到了最重要的调节作用。赵晓煜和高云飞（2020）通过研究发现，组织柔性对服务创新绩效具有显著正向影响，动态服务创新能力在组织柔性与服务创新绩效之间起中介作用，市场动态性在组织柔性与动态服务创新能力之间起调节作用。

3. 组织柔性使组织更好地适应环境

Child（1972）的研究以权变理论为基础，从组织柔性的视角探索组织在环境—组织关系中的作用。动态权变理论认为，组织与环境是一种能动的、可控的、可选择的关系。在与环境的互动中，组织具有能动性和选择权，可以与环境进行互动，也可以进行动态交替。Volberda（2005）表示，组织柔性是指组织与其所处环境的一种能动的、响应的组织潜能。在企业所处环境发生变化时，其所处环境的变化趋势具有较大的不确定性与不可预测性，这使得企业面临着不确定的市场环境与不可预测的内部市场。这就需要企业具有一定的柔性，以应对市场环境、内部市场、顾客需求等不确定因素对企业所造成的冲击。因此，在稳定公司业绩、提高公司生存概率方面，组织柔性具有十分重要的意义。组织柔性背后的原理是自下而上的战略创新。这使得战略管理不仅成为一项贯穿整个组织各个部门的活动，而且，让每一个管理层级都能以自己的方式为公司作出贡献。这意味着，企业组织具有适应不断变化环境的能力（Cauwenberg and Cool，1982；Volberda，2005）。王兰，李培敬，高博（2006）结合之前学者的理论，提出观点，在这个不断变化的社会环境中，企业之间的竞争也应该是一种保持动态的竞争。通过对外部环境和企业变革之间关系的分析，可以看出，企业要想获得持续的竞争优势，就必须实施柔性战略。乐国林等（2020）以领先企业为研究对象进行实证研究，发现组织柔性对领先企业持续成长具有重要影响。他们提出，领先企业持续成长必须通过组织柔性保持企业活力和灵活性。Krishna 等（2015）对于一个企业如何快速地发展为有影响力的全球化企业进行研究，其中对组织柔性发挥的作用进行了深入的探讨。

4.组织柔性能增强组织的学习能力

从学习的角度来看，不同的学习方式下，组织柔性所起的作用也是不一样的。在以单环学习为主的组织中，通过柔性的提升，可以很好地弥补单环学习在组织信息搜索上的不足。因为，"信息搜索"是在以单环学习为主的组织中非常重要的一个环节，而单环学习又是最基本、最基础的一种学习方式。在以双环学习为主的组织中，组织柔性指的是组织对全局规则与规范的适应性，而不是指具体行动。它指的是组织在执行这些变化时所能达到的程度。例如，由于环境变化频繁、市场竞争激烈等原因，公司必须经常对一些新产品或技术进行测试和调整，而测试和调整都需要一定时间才能完成。此时，公司就需要制订一个灵活的计划来应对这种情况。如果计划过于僵化、死板，那么很可能会影响产品或技术更新进程。另外，如果公司在执行测试和调整时有偏差，也可能会影响整个项目甚至公司自身。有学者认为，组织柔性是指对某一件事件或信息反应过度，使组织产生难以维持一贯性或连续性进而陷入混沌的、混乱和低效的一种调整和平衡（Volberda and Cheah，1993）。此外，Volberda（2005）认为，在以重学习为主的组织中，组织柔性被看作是一种思维能力，其重点是对单环与双环学习的思维方式进行反思，着重于创建一个动态的、均衡的、有意义的、单环与双环的、相互补充、共同运作的、具有重要意义的、双环的思维方式。

六、企业绩效相关研究

（一）企业绩效的定义

在企业战略研究中，绩效是评价和判断企业经营成果的重要依据之一。如何提高一个企业的绩效是所有企业都要面临的一个关键问题。在管理学中，绩效是一种工作在某一阶段所取得的成就和效果的总和，它是一种在某一阶段所取得的工作行为、方式和结果，以及它所产生的客观效果。企业绩效一直以来都受到众多学者和经济学家的高度重视。在现阶段，尽管人们普遍认识到了企业绩效的重要性，但对如何衡量企业绩效还没有达成共识。Mahmoodzadeh 等（2013）提出，绩效应该被定义为工作的结果，因为这些结果对组织的战略目标、顾客满意度和经济角色的作用是不可忽视的。Oyemomi 等（2019）则认为，绩效应该被定义为组织实现维持利润、拥有竞争优势、增加市场份额和保持长期生存等既定目标的能力，这取决于公司是否使用了适当的组织战略和实际计划。尹雪婷（2020）从三个角度理解和认知绩效：①绩效就是结果；②绩效不仅包括结果，与其相关的行为也应包含在内；③企业为达成绩效目标所做的行动都应被纳入绩效的范畴内。张蕊（2002）提出，企业应该在从事经济活动中关注经济利益，获得最好的收益，对企业绩效进行评价可以更好地为管理者指明正确的方向，帮助企业实现经营目标。孙慧（2021）在研究中表明，企业绩效衡量的是企业经营目标完成的过程以及结果。企业绩效要将各项工作以及所获得的结果概括起来进行评价。葛京敏（2022）指出，绩效管理是现代企业经营管理模式下衡量企业运营水平高低的重要手段和激励机制，对人力资源管理有着非常积极的推动作用。胡延宾（2014）认为，有效的绩效管理可以推动公司内部管理机制的有序运转，以实现公司所有的经营管理目标，从而提升公司的竞争实力。因此，我们必须站在公司发展战略的高度，去理解并实施绩效管理，从而提升公司的科学发展能力。这已经成为公司管理中的一项重要工作。杨艳玲、田宇（2015）的研究发现，供应链管理的执行能力和敏捷度分别对公司的绩效和敏捷度产生了直接和正面的影响，并且在供应链管理的执行能力和敏捷度的关系中起到了一定的调节作用。

通过对已有文献的梳理可以发现，目前有很多方法可以详细地定义绩效。第一种主要是关注公司在特定业务阶段内的经济收益，更多地集中于企业的财务绩效，以财务状况、资产效益等指标进行衡量。第二种则在上述学者定义的铺垫下，补充了对企业运营成果的考量，总体包括了企业取得的财务和非财务效益，并将绩效划分为内部和外部企业绩效。第三种是比较广泛的公司绩效定义，认为企业绩效应当涵盖品牌影响、创新水平、经营效益、经营者业务能力、公司服务质量、责任担当等多个方面，并对公司财务绩效、创新绩效、组织绩效、员工绩效、资本市场绩效等进行评价。其中，财务绩效体现了一个公司的策略，以及它的实施与落实对公司最后的运营表现的影响。财务绩效能够很好地体现出企业在成本控制中所取得的成效，包括资产运营管理的成效、资金来源调配的成效和股东权益报酬率。财务绩效通常可以从盈利能力、偿债能力、营运能力和成长能力四个方面来衡量。创新绩效的概念涵盖了开发环节、投产环节，再到营销投入市场的系统化过程。创新绩效同时被解释为经营实体在开展创新投资战略活动所产生的公司价值方面的定量表现。组织绩效指的是管理者利用一定的指标体系，对组织整体运营效果做出的总体评价，能够有效地将企业的运营能力、偿债能力、盈利能力和对社会的贡献展现出来。员工绩效是指在企业中，每一位职工所承担的工作，通过各种科学的定性和定量的方法，对员工行为的实际效果以及对公司的贡献或价值进行考核和评价。所谓"员工绩效"，就是指从"工作能力""工作积极性""工作技能""协作能力"和"职业道德"等五个维度上对企业员工的评价。

（二）企业绩效的评价指标

企业绩效评价指标是企业为了对设定的绩效目标的实现程度进行考核，通过对公司业绩的评估，能够反映公司的总体运营状况。财务评价指标的发展可以被分为传统财务绩效评价、创新财务绩效评价以及财务与非财务绩效评价的融合。传统的财务绩效评估是在工业革命中产生的，而企业的生产方式又导致了成本绩效评估的出现。但是，该模型并未将业主权益的机会成本计算在内。其次，对财务指标进行单一的评估，会导致代理和经理人员的短视行为。为弥补这种评价方法的缺陷，创新性财务绩效评价方法开始出现。

首先，斯图尔特从剩余收益出发，以 EVA（经济增加值）为例，将 EVA 值与经营净利润减去股本成本相结合，作为绩效评估期间公司增值的指标。这种方法能够有效地防止利润高估，从而更好地反映出股东权益的变化，更好地体现出股东的价值最大化。但是，仅仅依赖于财务指标评价，依然无法解决经理人员行为的短视化问题。为了弥补这个不足，仍需增加一些非财务指标。

1992 年，卡普兰、诺顿提出了平衡记分卡法，使其不仅可以用来评估公司的绩效，而且可以用来制订公司的策略，并对公司的发展进行有效的管理。它不仅关注公司的短期财务状况，还关注公司长期发展的非财务因素，注意股东、客户和雇员等利益相关方的需要。虽然该方法实现了公司的长远发展战略和短期发展目标，但是它没有全面地反映公司的经营活动。除股东、客户和雇员以外的其他利益相关者不会被纳入考量。这一系统所涵盖的范围很广，从而导致了公司经营目标的多样性和主要目标的模糊性，对公司的经营决策产生不利影响。为了弥补平衡记分卡评估方法的不足阿特金森在 1998 年提出了利益相关者评估方益相关者，他认为公司有许多利益相关者，在公司的长期发展中发挥着重要作用，评估他们的利益并恭得他们的支持对于提高公司的业绩至关重要（Atkinson et al., 1998）。由于股东对公司有独特的影响，公司的目标是首先实现股东自己的利益最大化，然后是其他利益相关者的利益。这种评价方法明确了公司的目标，更好地反映了各利益相关者的愿望。然而，这种方法在实践中很难实施，而且忽略了智力资本的重要作用。

如今，企业绩效框架更加全面。但不同的行业背景、研究领域和公司内部环境意味着企业绩效衡量标准的选择不同，所有的企业绩效衡量标准也不同。企业对影响企业绩效的关键因素的衡量标准也不同。郑美群、蔡莉（2004）指出，高新技术企业是一个高科技、高组织化、高知识密集型、高竞争力的行业。高科技公司的绩效除了来自于物质资本之外，还来自于智力资本。本书针对高新技术企业的特征，分别从财务资本与智力资本两个角度，对高新技术企业的经营绩效进行了评价。张蕊（2008）认为，要把房地产开发公司的可持续发展作为一个方针，按照综合性、重要性、相关性、可比性、可操作性、成本效益、是否被人们所接受等原则和要求来进行。房地产开发企业的绩效评价指标体系应由财务指标、客户指标、内部开发建造与创新指标、职员指标和环境指标组成。张青（2001）在研究中，从量化、竞争力、有效性、风险性四个方面对煤炭企业发展绩效进行了分析。王阿娜（2012）运用平衡记分卡法，将内部业务分为经营运作与内部资源两部分，并引入企业文化、创新率等软指标，从财务、经营运作、内部资源、客户、发展创新等五个方面，建立了一套针对第三方物流企业的绩效评估指标体系，从而避免内部业务无法兼顾其共性和个性的问题。张振刚、谢孟鑫（2020）采用信息熵理论，确定了公司的盈利能力、适应性、偿还能力和发展能力等四项指标的权重，并计算出了公司的预期绩效。然后采用 BP 神经网络技术，建立了公司绩效评估模型，对样本公司的绩效进行了训练，并对其进行了仿真。结果表明，所建立的评估模型有很好的推广性，能够对公司的绩效进行有效的评估。此外，谢琨、庞凤娇（2019）从钢铁企业特点及绿色技术创新的表现形式出发，以经济、创新、社会和生态等为主要度量指标，采用灰色关联分析方法，选取关键指标，采用乘法综合归一化方法，确定各指标的综合权重，从而建立一套适用于钢铁上市公司的绿色技术创新绩效评价模式，从而提高对钢铁上市公司绿色技术创新评价的科学性。于喜展，隋映辉（2009）基于平衡计分卡（DPF），建立了一套基于 DPF（DEA）的技术创新绩效评估体系，并应用 DEA（data envelopment analysis，DEA）对该公司的技术创新绩效进行了评估。为制定公司的发展策略、提升公司的竞争力提供了一定的参考依据。费小燕（2010）的研究从财务绩效和非财务绩效分开考虑，将绩效评价指标划分为顾客关系维护指标、内部业务操作与优化指标、财务指标以及学习与成长途径指标四个方面，其中对企业盈利情况、顾客保有率、市场占有率、顾客忠诚度、信息收集及应用能力和企业资产状况等进行探究。贾佳（2011）通过采取定性和定量相结合的方法，从获利能力、顾客满意度、企业信誉和净资产收益率等方面对第三方物流企业绩效进行评价。蒋明等（2011）结合平衡计分卡理论，从顾客、业务、学习、财务以及创新等方面对中小型第三方物流企业进行绩效评价分析。赵永楷（2015）研究中将主客观相结合，通过量表对绩效度量，将企业绩效用经济绩效和社会绩效来评价。

经过对企业绩效发展和以往研究的梳理，我们可以看出，当前阶段，学界尚未就如何确定公司财务业绩评估的指标达成共识。然而，许多学者将财务绩效视为企业绩效的一个方面，并从财务绩效与非财务绩效两方面对企业绩效评价指标进行分析。此外，许多学者也将创新绩效、组织绩效、金融绩效、市场绩效和公司人员绩效纳入企业绩效评价指标的范围之中。

财务绩效指标包括基于上市公司市场信息的市盈率和基于财务报表信息的会计利润。市盈率和托宾 Q 值反映了投资者的预期，取决于资本市场的效率，因为市场需要判断一个公司的社会责任表现，并迅速调整股价。会计收益指标反映了公司的经营绩效，而典型指标如资产收益率（ROA）和股本收益率（ROE）则反映了公司的盈利能力。与市场收益衡量标准相比，会计收益衡量标准提供了对公司整体经营业绩的全面看法，而不仅仅是从股东的角度来看。在应用市场收益率评估公司的财务绩效时，必须考虑到市场效率的问题。这隐含着一个假设，即资本市场是有效的。然后再考虑企业社会责任工作与财务绩效之间的关系。这一假设意味着公司提供的信息必须是最新的，而且股票价格调整很快。因此，Harrison 和 Freeman（1999）提出，在利用事件研究法进行研究时，使用市场绩效指标作为财务绩效的替代更为合适。Griffin 和 Mahon（1997）分析了 1972—1994 年的 51 篇文献，发现在此期间，资产收益率和贝塔系数是学者们最常使用的财务绩效指标。McGuire 等（1998）分析了当代和未来市场绩效指标、会计绩效指标和企业社会责任之间的相关性，发现市场绩效指标和企业社会责任之间的相关性在当代和后期都并不显著，会计绩效指标和企业社会责任之间的相关性并不显著，财务绩效与企业社会责任之间的相关性在当代和后期都不显著，而会计绩效与企业社会责任之间的相关性在当期及此后都极显著。回归分析还表明，财务指标对上市公司的财务状况具有较高的解释力。这主要是由于公司收益衡量标准更多的是受市场总体趋势的影响，而财务衡量标准则更加个性化。Orlitzky 等（2003）通过对 1970—2002 年 52 篇文献的分析，得出的结论：在企业社会责任和财务业绩的关系研究中，使用市场利润衡量标准的研究往往比使用会计利润衡量标准的研究更加多样化，而且两者之间的关系更弱。

非财务绩效指的是对公司绩效的主观衡量，研究者主要采用问卷调查的方式对其进行主观指标的测量。例如，在以往关于衡量品牌市场份额的研究中，Dawar 和 Pillutla（2000）、Foroudi（2019）等学者要求顾客选择目标公司在不同时间段购买产品的份额，数值从低到高，以确定市场绩效。这在市场绩效和创新绩效上表现突出，比如品牌忠诚度和顾客满意度。非财务绩效在消费者行为研究中被广泛使用。夏立新等（2019）指出，非财务指标和财务指标不是相互独立，而是相互补充。例如，消费者对品牌的反应可以直接预测产品的市场接受度，进而影响其市场份额。同时，在战略管理中，合法性是企业绩效的一般预测因素之一。Suchman（1995）提出，合法性是制度理论中的一个新概念，它指的是一个组织的行为在现有的规范、价值和信仰体系中的合理性和合法性，包括道德的、实际的和认知的合法性。Zimmerman 和 Zeitz（2002）认为，合法性对于企业很重要，因为它可以帮助企业获得实现其经营目标所需要的资源。Brown 和 Deegan（1998）从媒体的角度来研究合法性与公司的环境绩效之间的关系。研究表明公司会因为受媒体关注程度的提高从而选择在年度报告中更多地披露该公司的环境信息。现阶段，也有许多公司出现模仿行业领袖公司以提高其自身的合法性，而这一行为最终也会导致公司间呈现出高度的相似性，这一现象被 DiMaggio 和 Powell（1983）称为制度同形（institutional isomorphism）。并且这种模仿行为所导致的相似性还会体现在企业危机中，即其被模仿公司所发生的危机也极有可能出现在模仿公司的经营管理之中。正如 Jonsson 等（2009）研究显示，公司违规行为不仅会损害公司本身的合法性，也会损害其他类似公司的合法性，导致公众或者媒体会推断这些类似公司之间是否也会发生类似的违规行为。

企业的创新绩效是决定其成功与否的重要因素。研究结果表明，企业在研发投入、专利申请、新产品开发和技术进步等方面存在着较大的差异。研发投入是从投资的角度对企业的创新绩效进行评价；专利则是以中间产品或成品的观点来评价企业的创新表现；从产出的视角来看，全要素生产率和新产品是从产出角度考察创新绩效。全要素生产率是指企业所有要素的总生产力，在经济学中被广泛使用，其主要来源是企业创新行为所引起的技术进步。内部研究与开发是企业创新研发的基础工作。一些公司在研究和开发方面的支出占营业收入的 10% 以上。研究包括基础研究和应用研究，而开发则是指对现有技术、工艺和产品的改进或创造新技术、工艺或产品。祁雨秋（2020）、王宛秋和马红君（2020）等学者证实了研发对企业绩效具有积极作用。王刚刚、谢富纪（2017）总结发现，中国政府普遍以补贴的形式鼓励企业开展研发活动。专利是公司拥有的对某项发明的专有权，是公司研发过程中的中间产品或最终产品，以防止其他实体生产、使用和销售该发明。公司通常通过纸质担保文件向公众宣布其所有权。李东红、乌日汗（2020）提出专利与企业或组织的创新绩效密切相关。通常情况下，公司会将其获得的专利在其所属国家或地区的政府机构进行注册，以保护这些专利。李爽（2017）发现，专利保护强度与企业技术创新积极性之间呈倒"U"形关系。企业创新研发中最重要的关注点就是企业是否研制出新产品，而企业法人创新研发也正是企业创新绩效的重要表现。在以往的研究中，Takeuchi 和 Nonaka（1986）认为，嵌入式不稳定性、自我组织项目团队、重叠的开发阶段、多示例学习、精细控制和组织学习转移为企业能够进行高效的创新活动的主要特征。然而，过往研究也发现公司的创新行为与它的规模或频率并没有关系。企业创新绩效最终的反映形式还是新产品的销售或其附加值。企业创新行为的可持续性也主要依赖于新产品的销售状况，这决定了企业是否要在创新研发这一方面继续加大资金投入。

组织绩效通常被学者视为一种结果和行为综合体。鉴于此，有大量的文献解释了组织绩效及其衡量指标。例如，一些研究发现，客户满意度、质量、交付可靠性、员工因素、生产力、组织绩效、安全和环境、社会绩效是许多组织使用的组织绩效指标。Parmenter（2009）将客户满意度、员工满意度、环境、社区、组织、内部流程绩效以及学习和成长确定为绩效衡量视角。Browne 等（1997）已经确定，不同的组织对其绩效使用不同的衡量标准，就像通常他们通过将整个业务分解为流程来衡量组织的绩效一样。大多数组织通过将指标分配给各个流程来衡量其绩效。Rolstadås（1998）指出，组织的绩效衡量是有效性、效率、质量、生产力、工作生活质量、创新和盈利能力之间复杂的相互关系标准。Leong 等（1990）及 Mapes 等（1997）的研究发现，为了取得成功，每个组织都必须确定与其各自情况具有战略相关性的绩效指标、绩效衡量标准和绩效数字。

　　金融绩效与资本市场紧密相连，其衡量指标有总资产回报率（ROA）、净资产回报率（ROE）和托宾 Q 值等。刘青松和肖星（2015）指出，ROA 和 ROE 在公司的财务绩效的衡量中经常会同时出现，这两个指标都被用来衡量公司投资活动的收益率。在这些指标中，ROA 指的是公司的净利润与资产总额的比率，而 ROE 指的是公司的净利润与净资产的比率。因此，我们可以看到，ROA 与 ROE 之间的不同之处是在债权的计算及财务杠杆方面。ROA 指的是公司的净收入与总资产的比率，而 ROE 指的是公司的净收入与净资产的比率。因此，ROA 和 ROE 的区别在于对债务和杠杆的计算。ROA 指的是来自股东和债权人的资金的总利率，而 ROE 只指股东本身的利率。因此，在一些特定的高杠杆行业，如银行业、保险业和证券业，ROE 也是衡量公司经营业绩的良好指标。但是，Belenzon 等（2017）认为，对于一般行业而言，ROA 更适合作为其衡量的指标。托宾 Q 值通常借用著名经济学家托宾（1969）的说法，假设股票市场上所有公司的总市值应等于其重置价值。由于重置价值很难衡量，托宾的 Q 值是通过将一个公司所有资产的重置价值除以其资产的总价值得到的。托宾 Q 值被广泛用于衡量公司业绩，黄娟（2007）、Wolfe 和 Sauaia（2014）认为，它也可以作为公司业绩的预测指标，并被认为在衡量公司业绩方面具有很高的意义。还有一些变量可以用来衡量财务绩效，比如 Chen（2009）和 Eilert（2017）在研究中提出的资本异常收益等。

　　市场表现也是衡量公司绩效的重要指标。结合微笑曲线可知，市场是高附加值的起点也是终点。衡量一个品牌或公司产品是否赢得客户或超越其竞争对手的重要指标主要是看其市场表现。这也是市场上活跃的许多参与者，包括消费者、媒体、政府、第三方、竞争者和供应商所主要观察的绩效指标。因此，市场表现的衡量标准包括销售增长、市场份额、相对价格、广告支出和效率。销售业绩和增长率是市场效率最直接的反映，销售可以直接为企业带来经济效益。孙浦阳等（2015）认为，从动态的角度来看，销售增长率是衡量一个企业生产经营成功与否的重要指标，也是公司预测其产品在未来市场收入多少的主要标准。市场份额是指一个产品（类别或品牌）的销售份额与类似产品（类别或品牌）的销售份额的关系。市场份额指的是产品（品类或品牌）的市场定位，因此是衡量竞争力的重要指标之一。Cleeren 等（2013）通过用危机后一年的品牌份额减去危机前一年的品牌份额来衡量品牌在品牌危机情况下的市场表现。Chaudhuri 和 Holbrook（2001）指出，产品市场上的相对价格是一个品牌的零售价格与其主要竞争者的零售价格之比。这个价格一方面反映了品牌在市场上的地位高低，也有助于消费者判断其所选购产品的质量，为消费者和企业增加价值；另一方面，相对价格将品牌与品牌之间进行比较，并反映它们在类别中的定位。在产品销售过程中，广告作为吸引顾客眼球、增加销售额的利器，同时也作为市场效率的一个具体指标，广告投资的数量和效果也已经引起了研究人员的注意。例如，Liu 和 Shankar（2015）的研究表明，一个有着负面信息的品牌可以通过使用更多的优质广告来留住顾客，同时，它的竞争对手也可以用类似的方法来争夺它的顾客。Van Heerde 等（2007）的研究显示，子品牌的广告效能与母品牌的广告效能有不同之处，子品牌广告效能下降的效应会溢出到其他子品牌。

　　综上所述，企业绩效的评价主要从财务指标和非财务指标两个维度来衡量。但创新绩效、组织绩效、金融绩效、市场绩效和公司人员绩效也是企业绩效评价指标不可忽视的部分。

本章小结

本章首先对与本研究议题相关的理论进行了介绍和评述，包括整合营销理论和动态能力理论。其中，整合营销理论包括其发展与演变、定义以及应用研究；动态能力理论包括其发展与演变、定义、分类、构成要素、内容以及应用研究。多渠道整合是对企业不同要素和资源等的整合，针对以多渠道销售方式的企业为研究对象。因此，整合营销理论能为多渠道整合和企业绩效之间的研究提供理论基础。而动态能力是对企业现有资源的重新抓取及适配而取得持续竞争优势的高阶能力，因此基于动态能力理论分析物流能力对组织柔性与企业绩效之间关系的影响具有较大的可行性。接着，对与本研究相关的主要研究内容的国内外研究成果进行总结，共分为四部分，包括多渠道整合研究综述、物流能力研究综述、组织柔性研究综述以及企业绩效研究综述。在多渠道整合研究综述部分，主要是对其定义、维度以及效果三个方面的文献进行梳理总结。发现现有多渠道整合的研究主要还从顾客的角度探讨多渠道整合所产生的影响，而从企业的角度研究多渠道整合与价值创造之间关系的文献较少，鲜有文献从企业绩效视角进行探讨。因此，本研究将多渠道整合与企业价值创造结合起来进行研究，以期探明多渠道整合对企业绩效的影响。在物流能力研究综述部分，主要是对其定义、构成要素及其影响三个方面进行梳理。现有文献都有研究物流能力对于供应链整合和企业绩效等的直接影响，但目前在物流能力与企业绩效之间关系的研究中，较少研究考虑物流能力作为调节变量对企业绩效影响发挥的作用，更遑论考虑物流能力对组织柔性和企业绩效之间关系的调节作用。在组织柔性研究综述部分，主要是对其定义、维度及其作用进行归纳总结。现有文献多集中在组织柔性与企业创新绩效等之间的关系，较少有研究多渠道整合与组织柔性之间的关系。因此，本研究将组织柔性作为中介变量，研究其在多渠道整合影响企业绩效这一过程中的作用。最后，在企业绩效研究综述部分，主要是对其定义和评价指标两个方面的文献进行梳理总结。企业绩效的评价指标分为财务指标和非财务指标两个方面。

第三章　多渠道整合与企业绩效之间关系的概念模型与研究假设

一、多渠道整合与企业绩效之间关系的概念模型

本研究分析了多渠道一致性、多渠道互补性、多渠道协作性和多渠道共享性与组织柔性之间的关系，接着对组织柔性与企业绩效间的关系进行了分析。在此基础上，进一步剖析了多渠道一致性、多渠道互补性、多渠道协作性和多渠道共享性对企业绩效的影响机制，并对组织柔性在多渠道一致性、多渠道互补性、多渠道协作性和多渠道共享性影响企业绩效过程中的中介作用进行了分析。同时，分析了物流能力对企业绩效的直接影响，并考虑了物流能力对组织柔性与企业绩效之间关系的调节作用。因此，本研究构建了如图 3-1 所示的概念模型。

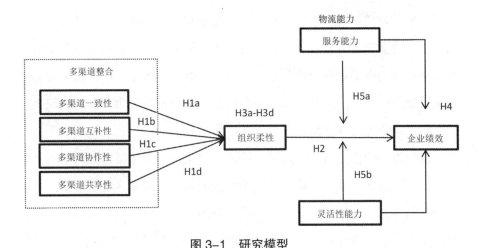

图 3-1　研究模型

二、多渠道整合与企业绩效之间关系的研究假设

（一）多渠道整合与组织柔性之间的关系

本研究采用庄贵军等（2019）提出的多渠道整合概念，认为多渠道整合是指企业通过各种渠道和媒体协调管理，创造渠道之间职能的有效融合与交接，利用协同作用，提高企业绩效，满足顾客需求。并且借鉴庄贵军等（2019）对多渠道整合维度的划分，将多渠道整合划分为"多渠道一致性""多渠道互补""多渠道协作性"和"多渠道共享性"四个维度进行测量。为了探究多渠道整合与组织柔性之间的关系，在阅读大量与组织柔性相关的文献后，本研究采用蒋峦等（2015）对组织柔性的定义，认为组织柔性是匹配环境变化程度的一贯能力，柔性化能力是企业获得成功、提升企业竞争优势的必要条件。

根据整合营销理论，整合营销使用不同的工具、方法进行有机结合，根据企业内外部环境的变化做出促使企业产品提升、组织柔性提升以及组织间有效的调整和整合。整合营销是将企业单个、不集中的营销方式、营销方法、企业资源等整合起来，发挥更大的协同效应，提升组织间柔性。本书所研究的多渠道整合恰是企业需要整合企业间各个不同渠道的资源、信息、能力等要素。因此，基于整合营销理论分析多渠道整合对组织柔性的影响具有较大的可行性。

多渠道一致性是指企业通过传统的在线渠道、实体渠道和移动商务渠道，提供一致的产品、价格、营销等方面的信息，实现多渠道信息共享。在当前的零售环境下，企业通过提供一致的商品、价格信息和顾客服务来维护零售商多渠道的品牌形象，并通过渠道提供扩展服务来创造协同效应。据 Robey 等（2003）、Chan 和 Pan（2005）的研究，当零售商通过两种渠道分享信息时，就会加强线下和线上渠道之间的联系。线上线下渠道间的互动有助于加速组织间项目更新和修订，对组织战略进行仔细评估，从而使得组织柔性显著增强。对于顾客而言，顾客可以从多个渠道了解企业的营销信息、定价和服务。无论在哪个渠道，顾客都可以享受相同的服务，这加强了顾客与企业之间的信任程度。信任促使顾客及时和企业进行沟通交流。企业为了应对顾客需求的持续变化，将保持适当的组织柔性，以有效地管理顾客需求变化。对于企业而言，通过保持品牌信息的多渠道一致性，可以强化多渠道整合为企业组织间联系带来的正向影响。这可以加强企业内部各部门之间的紧密配合和联系，进而促进组织柔性的增加。稳定性是指企业在调整企业战略的同时，保持有效运行的能力。而多渠道一致性通过企业组织战略实现多渠道间产品、价格、营销等信息的一致，使得企业始终保持着稳固有效的运行能力，大大增强了组织柔性。

基于此，本书提出如下假设。

H1a：多渠道一致性与组织柔性呈正相关。

多渠道互补性是指企业根据每种渠道的优势与劣势相应地提供不同的

服务内容，并采取不同的服务策略，使它们在给顾客提供服务层面实现优劣势互补。当零售商在了解每个渠道的优势和劣势的情况下采用不同的策略时，就可以实现互补性。例如，大多数购物者在购买产品的不同决策阶段会同时使用两种渠道，且一些购物者仍然看重实体店销售人员的帮助；然而网上银行增加了实时价值，是对传统银行的补充。另外，能够实现渠道间优劣势互补的企业更容易对内部和外部环境的变化作出反应，更加有效地实施组织柔性，使企业在复杂的供应网络中运作。顾客需求的异质性会增加供应网络的成本和复杂性。企业对不同渠道的投入需要进行一系列上游公司广泛和复杂的采购过程。随着不同渠道的投入供应、质量、服务、价格和技术的变化，企业在其不同渠道间必须与个别顾客进行协调，并根据不同分销渠道的独特需求定制产品，增强了组织间的效率和灵活性。这意味着多渠道间服务互补有利于企业满足不同顾客的不同需求，同时也有利于企业可以快速地转换顾客，不断吸引新顾客的加入，有利于促进企业绩效的提高。Kolbe 等（2021）研究发现，随着多渠道间服务互补不断发展，顾客的选择更加多元化，不仅促进企业组织柔性的提升，更是对提高零售企业绩效的意义日益凸显。

基于此，本书提出如下假设。

H1b：多渠道互补性与组织柔性呈正相关。

多渠道协作性是指企业通过传统在线渠道、实体渠道和移动商务渠道提供延伸服务，使顾客在购买决策各个阶段都能够实现渠道类型的自由选择。顾客可以在方便的时候利用任何适合自己需要的零售渠道，这为顾客赋予了更大的选择权利。当多渠道零售商通过两种渠道提供延伸服务时，可以实现协同作用。有研究证实，多渠道协作的服务方式在离线和在线渠道之间创造了新的能力。例如，多渠道零售商允许顾客使用他们选择的渠道来交付和退货，为顾客带来了便利。另外，Brettel 等（2011）认为，允许顾客选择任何零售渠道来进行任何交易活动，将极大地推动流量流向实体店或在线商店。当通过多种沟通渠道联系顾客时，可以为多渠道零售商创造更大的协同效应。这不仅为顾客带来了更好的购买体验，同时也增强了企业内部资源整合重构的能力，从而实现企业内部的协调整合能力的增加。企业运作系统支持用户通过线上渠道查询线下渠道产品销售信息，加强了企业网络内部的协同，缓冲了需求变化速度，降低了顾客跑空现象的次数，是组织间灵活安排的体现。

基于此，本书提出如下假设。

H1c：多渠道协作性与组织柔性呈正相关。

多渠道共享性反映了传统在线渠道、实体渠道和移动商务渠道之间相互支持的程度。当顾客交替使用多种渠道并理解其使用时，可以实现多渠道间的共享。零售渠道之间的共享关系是线上和线下相互支持，不主张其中任一渠道成为主要领导模式。顾客可以选择两种渠道同时进行，无论哪种渠道更优秀，都是为顾客提供优质服务体验。在线渠道以更低的成本为顾客提供更快的搜索，因此，顾客可以使用零售商的网站进行初步的信息收集，然后去实体零售商实地检查商品，进行购买交易。或者，顾客可以采用线下渠道感受产品的性能，再通过线上渠道购买该产品，这些都会增强组织柔性。田刚等（2018）指出，多渠道共享能够使企业及时处理外部信息，实现线上线下渠道资源高效灵活分配，对企业业务以及服务水平进行调整，从而提高组织柔性。此外，通过渠道间信息共享，企业在各渠道供应基础上可以获得更加丰富的信息，提高需求预测准确性，避免需求放大效应和牛鞭效应，减少信息扭曲，从而实现组织灵活性的安排。

基于此，本书提出如下假设。

H1d：多渠道共享性与组织柔性呈正相关。

（二）组织柔性与企业绩效之间的关系

本研究采用 Tippins（2003）对企业绩效的定义，认为绩效是为组织实现维持利润、拥有竞争优势、增加市场份额和保持长期生存等既定目标的能力。主要从顾客保有率、市场占有率、利润率、投资回报率、总体财务绩效等多个方面进行综合评价和分析。

商业环境中不确定性的增加使得企业建立一个灵活的系统来寻求生存变得更加重要。在不断变化的商业环境中，根据环境的需求修改业务流程和分配资源的能力是组织柔性的既定定义。组织柔性是具有创造性和说服力的组织能力，有助于克服环境不确定性，提高组织竞争力。一个灵活的组织可以有效地应对外部和内部环境的任何变化，这有助于通过引入创新来提高绩效，成为市场领导者。另外，Karri（2001）认为组织柔性是在预测不可能的情况下应对外部挑战的一种战略能力，这种战略能力有助于企业绩效的显著提高。组织柔性使企业能够根据商业环境的变化增强其创造新机会的能力，稳固企业在市场中的地位，提升企业绩效。从组织学习能力角度出发，组织柔性关注的是对已有知识的归类整理、适应和动态关系。Bock 等（2012）认为，组织学习能力有助于保持创新和资源配置之间的平衡，企业的创新对企业绩效产生积极影响。总之，在组织柔性的帮助下，企业可以通过动态的内外部协调来创造机会，快速应对不确定环境带来的变化，稳固提升企业绩效。

基于此，本书提出如下假设。

H2：组织柔性与企业绩效呈正相关。

（三）组织柔性的中介作用

多渠道间一致性使顾客在进行线上线下消费时能够获得相同的产品体

验、价格一致性体验、服务一致性体验等。企业通过为顾客提供多渠道间一致性体验，可以完善企业自身的形象，提高企业的声誉，增强企业的核心竞争力，并提高顾客对企业的信任程度。企业核心竞争力之一表现在将多渠道之间的能力、信息、观点整合起来，使之在多渠道之间的产品和服务中快速有效地体现出来，并且实现在多种渠道之间，组织内部和外部的创造、转移和组合。其中，战略柔性正是企业经济有效地应对环境变化的能力，而这种能力离不开富有柔性的企业核心竞争能力的支撑。战略柔性最终为企业带来竞争优势，并使其获得卓越的竞争绩效和企业绩效。综上所述，组织柔性在多渠道一致性影响企业绩效的过程中发挥着重要作用。

基于此，本书提出如下假设。

H3a：组织柔性在多渠道一致性影响企业绩效的过程中起中介作用。

由于多渠道之间的互补性，可以实现多种渠道之间异质性资源的互补。顾客有能力根据自己的喜好或需求来定制产品，增强了组织的资源柔性。在多渠道经营过程中，不同渠道所发挥的功能、所拥有的优势和资源会逐渐展现。根据不同渠道所拥有的不同资源发挥各个渠道的优势，或者将异质性资源进行整合，可以实现资源柔性的提升。通过渠道间资源利用的取长补短，从而加强组织柔性。同时，根据顾客对于在线或实体等多种不同渠道的不同需求，可以了解到不同渠道被不同的顾客所喜爱。针对不同顾客消费方式和喜好所反馈的信息资源，进行有效整合，组织内部进行产品库存等调整，实现组织柔性的提升。另外，不同渠道之间的异质性资源可以促进企业进行探索和创新性学习。通过创新，组织内部对现有知识进行完善和升级更新，应对不断变化的市场环境，进而提高组织柔性。组织柔性的提高，既可以迅速解决某一渠道的资源不足问题，降低由于资源匮乏带来的绩效损失和生产成本，又可以降低转换成本，提高企业绩效。综上所述，组织柔性在多渠道互补性影响企业绩效的过程中发挥着重要作用。

基于此，本书提出如下假设。

H3b：组织柔性在多渠道互补性影响企业绩效的过程中起中介作用

多渠道协作性强化了多渠道之间的协同效应，促使企业根据顾客购买过程中的偏好和需求，更加差异化地使用整个多渠道系统，提升企业资源高效使用率。多渠道间协作性是企业复杂的技能和知识积累过程，通过组织过程的实践，使企业能够协调其活动和利用其资产。这些能力是通过长期的、特殊的学习过程发展起来的。Day（2000）将协作能力分解为三个要素来描述其增值效果：关系导向、客户相关的知识和技能以及过程的集成和对齐。由外而内的能力表现在使公司能够通过先于竞争对手预测市场需求和发展与客户的协作来竞争。渠道成员和供应商依赖隐性知识和技能实现渠道间协作。企业资源的整合和协调反过来代表着管理过程中的由内而外的能力，例如成本控制、财务管理、业务管理和人力资源管理。综上可知，多渠道间协作有助于提升企业资源柔性和人员柔性。企业通过有效的管理和协调多渠道间资源整合，增强资源柔性，可以更好地预测和响应不断变化的市场需求，提高企业绩效。综上所述，组织柔性在多渠道协作性影响企业绩效的过程中发挥着重要作用。

基于此，本书提出如下假设。

H3c：组织柔性在多渠道协作性影响企业绩效的过程中起中介作用。

多渠道间信息共享和知识整合过程可以降低信息不对称和不完全带来的风险，缩短交货时间，缓解牛鞭效应，降低总成本，增强组织柔性。多渠道间信息共享使企业组织间通过适当安排库存来更快地响应消费者的需求，实现持续补给和合理管理库存。渠道间信息共享往往可以提高需求预测的准确性，从而使价格结构更加合理，生产计划制订更加完善，消费者需求管理更加完善。渠道间信息共享将促使企业对现有知识进行有效整合吸收，据此开发出新知识，实现组织内部知识再创造。当企业应对动态环境变化时，增强组织应对能力，提升了组织柔性。在这种柔性化的组织中，管理者能够帮助企业快速回应环境变化，提高战略决策速度，推动企业进入新市场，促使企业在引入新产品方面处于领先地位，增强企业绩效。渠道间信息共享可以促进企业知识融合和创新过程，增强组织创新柔性，而创新是企业维持生命力的关键因素之一。在激烈的市场环境中，企业创新将保持组织核心竞争力，有利于企业绩效的提升。综上所述，组织柔性在多渠道共享性影响企业绩效的过程中发挥着重要作用。

基于此，本书提出如下假设。

H3d：组织柔性在多渠道共享性影响企业绩效的过程中起中介作用。

（四）物流能力与企业绩效之间的关系

本研究采用 Mohd 等（2017）提出的关于物流能力的定义，认为物流能力是物流服务提供商所需要的重要能力，能够为顾客提供准时交货服务、及时响应要求、解决问题的能力、准确的存储和信息传递等服务，以及协助客户完成他们自己的目标。在基于 Mohd 等（2017）的研究基础上，本研究将物流能力分为"服务能力"和"灵活性能力"两个维度进行测量。

服务能力是企业在为顾客提供服务过程中以最优的方式、成本和最快的速度满足顾客服务需求的一种能力。通过维护和改善客户关系，可以提高顾客满意度和顾客忠诚度，促使企业绩效的提升和企业战略目标的达成。灵活性能力是企业在面对顾客个性化需求时，能够及时高效地作出回应，满足顾客个性化要求。同时，灵活性能力表现在企业在面对动态环境过程中，能够动态地对企业物流运作进行优化和调整，从而提高企业的竞争优势，增强市场竞争力。

基于此，本书提出如下假设。

H4：物流能力与企业绩效呈正相关。

（五）物流能力的调节作用

根据动态能力理论，动态能力被定义为企业整合、构建和重新配置内部和外部资源和能力的能力，以应对快速变化的环境，增强企业资源柔性。该理论有利于帮助企业正确识别自身的核心能力，有目的地培养企业的核心能力，如物流能力等，从而提高绩效。

Dang 等（2021）将服务能力定义为物流服务提供商为满足客户的物流需求而创造和部署的能力，以追求更好的服务绩效。根据企业的资源基础观，较强服务能力的企业能够更好进行组织间的协调，并为顾客提供相应的服务。服务能力的加强对企业自身组织能力的要求更高，促使企业强化自身组织能力，使之在市场上获得更好的生存和发展，提高市场占有率。这表明服务能力正向调节了组织柔性对企业绩效的正向影响。服务能力包括与服务有关的若干方面，服务能力的应用可以更好地使企业实现高效协调物流活动和利用企业独特的资源，促进企业在技能、资产和积累知识上的复杂组合。提升服务能力可以更好地促进组织柔性的发挥，从而锁住更多的顾客资源，提高顾客保有率，无疑证明了服务能力在组织柔性与企业绩效的关系中发挥了重要作用。另外，增强服务能力可以为客户提供增值服务，充分发挥企业资源柔性，以满足客户的需求，提高顾客满意度，增强竞争优势，提高企业绩效。因此，可以判断提升服务能力可以强化组织柔性对企业绩效的影响。

基于此，本书提出如下假设。

H5a：服务能力强化组织柔性对企业绩效的影响。

企业的灵活性能力被认为是企业物流运作过程中的一个重要能力。灵活性能力表现在支持各种交付要求，例如响应客户需求，减少响应时间。企业根据顾客定制化需求，充分发挥资源柔性，将企业异质性资源进行有效整合，为顾客提供定制化服务，增强顾客满意度，增强企业竞争优势，从而更有利于企业绩效的提高。此外，企业面对环境及活动的不确定性频率越来越高，在这种情况下，若其灵活性能力增强，企业可以更快速地处理不确定性的突发状况，并对决策进行改进与优化，促使组织更有效地应对内外部环境的变化，提高企业在动态环境中的竞争能力，进而对企业绩效产生更积极的影响。在企业物流项目中，灵活性能力还表现在信息系统数据处理操作可以促进企业做出更优的决策，减少企业处理问题响应时间和提高信息发布的灵活性。信息在组织间进行整合，使组织能够更快速地适应变化的环境，这些过程减少了不确定性，提高了企业的绩效。因此，可以判断提升灵活性能力可以强化组织柔性对企业绩效的影响。

基于此，本书提出如下假设。

H5b：灵活性能力强化组织柔性对企业绩效的影响。

本章小结

本章主要基于相关文献综述和理论基础，提出了本研究的概念模型和基本研究假设，围绕多渠道整合能够通过组织柔性对企业绩效产生正向影响这一基本研究思路展开。首先，分析了多渠道一致性、多渠道互补性、多渠道协作性和多渠道共享性与组织柔性之间的关系。其次，对组织柔性与企业绩效之间的关系进行了分析。在此基础上，进一步剖析了多渠道一致性、多渠道互补性、多渠道协作性和多渠道共享性对企业绩效的影响机制，并分析了组织柔性在多渠道一致性、多渠道互补性、多渠道协作性和多渠道共享性影响企业绩效过程中的中介作用。接着，分析了物流能力与企业绩效之间的关系，以及物流能力在组织柔性与企业绩效关系中的调节作用。最终，形成了本书的研究假设和概念模型。

第四章　多渠道整合与企业绩效之间关系的问卷设计与调查

一、问卷设计原则与过程

本研究采用实证研究法，即通过科学的测量来实现对研究对象的数量化表达，并对研究模型中所有变量之间的关系进行观察、解释和预测。因此，根据实证主义的定量研究传统路径，本研究通过问卷调查的方式获取所需数据。原因如下：第一，问卷调查法在搜集数据方面具有速度快、效率高的特点；第二，在保证量表的信度与效度的前提下，只要数据的样本量足够大，研究者就可以通过这一方法获得高质量的数据；第三，在具体实施过程中，被调查者所受干扰较小，可操作性强，容易得到被调查对象的支持与配合；第四，问卷调查法的实施成本较小，在所有搜集数据的方法中最为经济。本研究通过使用问卷调查法获取相应的数据，以期对概念模型的基本假设进行检验，为市场竞争激烈的时代背景下企业实施多渠道整合的有效性提供实证支持。下面对本研究进行问卷设计时遵循的基本原则及其具体设计过程进行总结。

（一）问卷设计原则

问卷设计是为了能够准确而高效地获得用于实现研究目标所需的信息、数据和资料，而有计划、有原则地将研究问题细致化、具体化的过程。本研究在进行问卷设计时，主要根据李怀祖（2004）提出的建议，遵循问卷设计的以下几个原则。

（1）简明扼要原则：所设计的问卷应尽可能简明扼要，以便被调查者回答，并使被调查者产生回答的意愿。需要注意的是，不要设计出题目繁多、答案冗长的问卷，以及令人感到草率的问卷。

（2）明确性原则：问卷中提出的每个问题不能包含多个意思，即一个问题只能包含一个定义。

（3）解释性原则：如果所提问题中出现的某个词语或定义可能让被调查者产生误解或提供几种解释，一定要在该问题后附加相应的解释，以保证对方能准确理解问题的真实含义。

（4）完整性和非重复性原则：在答案的设计上，要注意所提供选项的完整性以及选项之间的非重复性，既要包括所有可能的答案，不要有遗漏或使调查者无答案可选，又要保证备选答案之间没有出现相互重叠的情况，以免使被调查者可能选择一个以上的答案。

同时，在进行问卷设计时，本研究还注意严格遵守以下几项禁忌（李怀祖，2004）。

（1）中立性原则：所涉及的问题不带有倾向性，避免提问方式对被调查者形成诱导，以免让被调查者在回答问题时猜测研究者所想要得到的答案，或是感觉到自己有必要做出某种选择，而选择了违背自己意愿或真实情况的选项。因此，在词语的使用上应注意保持中性，不要使用反映出褒义或者贬义等感情色彩的词语。

（2）真实性原则：不提有可能让被调查者难以提供真实答案的问题。

（3）确认性原则：不能把未经确认的事情当做前提假设，如果因研究而确实需要，那么在这种情况下必须先提出一个过渡性问题。

（二）问卷设计过程

科学设计调查问卷能够为准确有效地获取解决研究问题所需的信息、数据和资料奠定基础。因此，在本研究进行问卷设计时，严格遵循以下操作程序及步骤，以保证所设计问卷的科学性和有效性。具体操作过程如下。

第一步，通过回顾研究问题及具体假设，明确调研目的和所需收集的信息。在进行问卷设计的具体操作步骤之前，必须首先明确调研的目的，并始终围绕此目的展开信息的收集以及信息的具体化分析。本研究旨在从企业绩效视角探讨多渠道整合对企业价值创造的作用及其作用机制，因此，本次调研设计的主要目的是为了获取关于多渠道整合与企业绩效之间关系的基本信息、存在于多渠道整合与企业绩效之间的关键中介变量的信息，以及对企业绩效产生影响的其他重要变量的信息。据此，列出所需要调研的题目清单。

第二步，编制单个问题内容。在编制单个问题的过程中，必须确认每一个问题是否对研究所需要信息的获取起到了切实的作用，有效情况保留，无效情况则删除。在确定某个问题是必要问题之后，出于考虑评价信度或效度的需要，考虑使用多个语句来得到所需的信息。

第三步，注意设计问题方式，以避免被调查者无法回答或不愿意回答。具体情况包括：确定被调查者具备调查问卷所涉及的相关信息；确保被调查者能回忆并记得所需提供的信息；确保被调查者能够清晰表达出调查问题的答案；确保不涉及调查者所避讳的敏感性问题，并注意技巧的运用以增强被调查者答题的意愿。

第四步，选择问题的结构。通常情况下，一个问题可以是结构化或非结构化的。在本研究模型中，其重要变量都具有相应的量表测量，因此，调查问卷中的问题均采用结构化问题的形式。

第五步，确定问题的措辞。为避免被调查者拒绝回答或出现回答不真实的情况，在设计问卷题目时，力求使用通俗易懂的用词，避免出现含糊不清和隐含假设的表达，避免出现推论和估计。

第六步，确定问题的顺序。在设计问卷问题的过程中，首先遵循先易后难的基本原则，将被调查者的基本信息类问题放在问卷开头；其次遵循逻辑顺序，确保设计同一个主题的问题在一个新的主题开始之前已经全部提出，并将泛指的问题放在特定的问题之前，以防止特定问题对泛指问题的回答产生不必要的影响。

第七步，注意形式和版面设计。将问卷分为被调查者基本信息、自变量测量、中介变量测量、因变量测量和控制变量测量等五个部分；在问卷设计中，将每一部分问题都进行特定编号，以确保被调查者回答问题过程中思路清晰；同时，应该在发放问卷前，对每一份问卷都标志好相对应的序列号，方便在问卷回收回来后的整理、编码和分析等工作。

本研究的调研问卷主要包含以下几个部分的内容：第一部分是被调查者的基本信息，包括被调查者所在企业的基本情况，包含企业规模、企业年龄、企业所在地、被调查者职务以及企业所有制性质等。第二部分是自变量多渠道整合的测量，要求被调查者对所在企业的多渠道一致性、多渠道互补性、多渠道协作性、多渠道共享性等四个维度进行计分。第三部分是对组织柔性作为中介变量的测量，要求被调查者对所在企业的组织柔性进行计分。第四部分是对服务能力、灵活性能力等调节变量的测量，要求被调查者对所在企业的服务能力、灵活性能力等进行计分。第五部分是对供应商依赖、IT规划能力等控制变量的测量，要求被调查者根据该企业实际对供应链的依赖程度、IT规划能力等方面的实际情况进行计分。第六部分是对因变量企业绩效的测量，要求被调查者根据该企业的销售额、利润率、顾客保有率、投资回报率等进行计分。

二、变量的操作性定义与测量

本研究模型共有8个待测量的变量，它们分别是：①多渠道一致性；②多渠道互补性；③多渠道协同性；④多渠道共享性；⑤组织柔性；⑥服务能力；⑦灵活性能力；⑧企业绩效。这8个变量的量表均是沿用现有研究经过实证检验和使用过的量表。为了与本研究的具体情境相吻合，同时也为了减少共同方法偏差问题的影响，在具体使用过程中，已根据研究的具体研究情境对这些现有量表进行了适当的调整（Podsakoff P. M., et al., 2003）。问卷设计过程中，所有量表都是采用李克特5点量表进行计分。下面对问卷设计中的所有量表的操作性定义与具体测量题项一一进行阐述。

（一）多渠道一致性的测量

本研究模型中的多渠道一致性是指企业通过传统在线渠道、实体渠道和移动商务渠道提供一致的产品、价格、营销等方面的信息，实现多渠道信息共享。在当前零售环境下，企业通过提供一致的商品、价格信息和顾客服务来维护零售商多渠道的品牌形象，并通过渠道提供扩展服务来创造协同效应。本研究所采用的量表借鉴的是庄贵军等（2019）在其研究中使用的量表，多渠道一致性的测量共有6个题项，包括企业的品牌名称、标语和商标在多条渠道内是一致的、多条渠道对于产品的描述是一致的、多条渠道销售的产品价格是一致的、多条渠道中的促销信息是一致的、多条渠道提供的服务形象、服务水平是一致的等 6 个方面的情况。具体题项如表 4-1 所示。

表 4-1　多渠道一致性的测量题项

编码	测量题项	来源
1	企业的品牌名称、标语和商标在多条渠道内是一致的	庄贵军 等（2019）
2	企业多条渠道对于产品的描述是一致的	
3	企业多条渠道销售的产品价格是一致的	
4	企业多条渠道中的促销信息是一致的	
5	企业多条渠道提供的服务形象是一致的	
6	企业多条渠道提供的服务水平是一致的	

（二）多渠道互补性的测量

本研究模型中的多渠道互补性是指企业根据每种渠道的优势与劣势相应地提供不同的服务内容，并采取不同的服务策略，使它们在给顾客提供服务层面实现优劣势互补。当零售商在了解每个渠道的优势和劣势的情况下采用不同的策略时，就可以实现互补性。本研究所采用的量表借鉴的是庄贵军等（2019）在其研究中使用的量表，多渠道互补性的测量共有 4 个题项，包括被调查者对该企业运作系统支持线上购买实体店提货退货或维修、线上渠道为实体店消费者提供 24 小时服务、通过线上渠道销售一些特殊产品（实体店销量小或针对特定用户的产品等）、线下渠道能为消费者提供产品体验服务等 4 个方面的程度评价。具体题项如表 4-2 所示。

表 4-2　多渠道互补性的测量题项

编码	测量题项	来源
1	企业运作系统支持线上购买实体店提货、退货或维修	庄贵军 等（2019）
2	企业线上渠道为实体店消费者提供 24 小时服务	
3	企业通过线上渠道销售一些特殊产品（实体店销量小或针对特定用户的产品等）	
4	企业线下渠道能为消费者提供产品体验服务	

（三）多渠道协作性的测量

本研究模型中的多渠道协作性是指企业通过传统在线渠道、实体渠道和移动商务渠道提供延伸服务，使顾客在购买决策各个阶段都能够实现渠道类型的自由选择。顾客可以在方便的时候利用任何适合自己需要的零售渠道，赋予了顾客权力；当多渠道零售商通过两种渠道提供延伸服务时，可以实现协同作用。本研究所采用的量表借鉴的是庄贵军等（2019）在其研究中使用的量表，多渠道协作性的测量具体包括被调查者对该企业运作系统支持用户通过线上渠道查询线下渠道产品销售信息、支持根据用户订单跨区发货、支持用户获得的积分和优惠券在各条渠道均可以使用、支持用户通过线上渠道查询线下渠道地址、联系方式等5个方面情况的反映。具体题项如表4-3所示。

表4-3　多渠道协作性的测量题项

编码	测量题项	来源
1	企业运作系统支持用户通过线上渠道查询线下渠道产品销售信息	庄贵军 等（2019）
2	企业运作系统支持根据用户订单跨区发货	
3	企业运作系统支持用户获得的积分、优惠券，在各条渠道都可以使用	
4	企业运作系统支持用户不同支付方式（在线支付、货到付款、实体店自提支付等）	
5	企业运作系统支持用户通过线上渠道查询线下渠道地址、联系方式	

（四）多渠道共享性的测量

本研究模型中的多渠道共享性反映的是传统在线渠道、实体渠道和移动商务渠道之间相互支持的程度。当顾客交替使用多种渠道并理解使用时可以实现多渠道间共享。零售渠道之间的共享关系是线上和线下相互支持，不主张其中任一渠道成为主要领导模式，顾客可以选择两种渠道同时进行，无关乎某一渠道更优性，而仅仅是为顾客提供优质的服务体验。本研究所采用的量表借鉴的是庄贵军等（2019）在其研究中使用的量表，多渠道共享性的测量题项具体包括被调查者对该企业运作系统支持各渠道库存信息共享、各渠道物流信息共享、各渠道用户订购信息共享等3个方面情况的反映。具体题项如表4-4所示。

表4-4　多渠道共享性的测量题项

编码	测量题项	来源
1	企业运作系统支持各条渠道库存信息共享	
2	企业运作系统支持各条渠道物流信息共享	庄贵军 等（2019）
3	企业运作系统支持各条渠道用户订购信息共享	

（五）组织柔性的测量

本研究模型中的组织柔性是指在不断变化的商业环境中，根据环境的需求修改业务流程和分配资源的能力，商业环境中不确定性的增加使得企业建立一个灵活的系统来寻求生存变得更加重要。本研究所采用的量表借鉴的是Dubey等（2019）在其研究中使用的量表，组织柔性的测量题项具体反映被调查者对所在企业领导层对环境变化的反应速度、企业领导层对新环境适应所花费的时间、企业将现有知识应用于特定问题和任务的能力、企业将已有知识有效归类保存以供未来使用、企业定期或不定期地推出新产品或服务、企业设备、资产改为其他用途平均需要花费的时间或费用、企业员工适应另一项工作（任务）等7个方面程度的评价。具体题项如表4-5所示。

表 4-5　组织柔性的测量题项

编码	测量题项	来源
1	企业领导层对环境变化的反应速度很快	
2	企业领导层对新环境适应所花费的时间很短	
3	企业将现有知识应用于特定问题和任务的能力很强	
4	企业总能将已有知识有效归类保存以供未来使用	Dubey et al.（2019）
5	企业能够定期或不定期地推出新产品或服务	
6	企业设备、资产改为其他用途平均需要花费的时间很短或费用很少	
7	企业员工能较快地适应另一项工作（任务）	

（六）物流能力的测量

本研究模型中的物流能力是物流服务提供商所需要的重要能力，为顾客提供包括准时交货服务、及时响应要求、解决问题的能力，准确存储和信息传递等服务，以及协助客户完成他们自己的目标。在基于 Mohd 等（2017）的研究基础上，本研究将物流能力分为"服务能力"和"灵活性能力"两个维度进行测量。其中，服务能力是企业在为顾客提供服务过程中以最优的服务、方式、成本和最快的速度满足顾客服务需求的一种能力，具体共有 3 个题项，反映的是企业准时交货、保障货物不受损、为顾客提供货物跟踪服务系统等方面的情况；灵活性能力是企业在面对顾客个性化需求时，企业可以及时高效地作出回应，满足顾客个性化要求，具体共有 4 个题项，反映的是企业满足顾客非常规或特殊的要求、企业有处理突发事件的能力、企业为顾客提供灵活的操作程序和系统、企业为顾客提供完备的退换货物流服务等方面的程度。具体题项如表 4-6 所示。

表 4-6　物流能力的测量题项

控制变量	编码	测量题项	来源
服务能力	1	企业能够准时交货	Mohd et al.（2017）
	2	企业能保障货物不受损	
	3	企业能为顾客提供货物跟踪服务系统	
灵活性能力	4	企业有能力满足顾客非常规或特殊的要求	
	5	企业有处理突发事件的能力	
	6	企业能为顾客提供灵活的操作程序和系统	
	7	企业能为顾客提供完备的退换货物流服务	

（七）企业绩效的测量

本研究模型中的企业绩效是指组织实现维持利润、拥有竞争优势、增加市场份额和保持长期生存等既定目标的能力。本研究所采用的量表借鉴的是 Tippins 和 Sohi（2003）在其研究中使用的量表，企业绩效的测量题项反映企业顾客保有率、销售额、利润率、投资回报率和总体财务绩效等 5 个方面的情况。具体题项如表 4-7 所示。

表 4-7　企业绩效的测量题项

编码	测量题项	来源
1	企业顾客保有率提高	Tippins and Sohi（2003）
2	企业销售额提高	
3	企业利润率提高	
4	企业投资回报率提高	
5	企业总体财务绩效提高	

（八）控制变量的测量

根据已有研究，供应商依赖、IT 规划能力等变量都会对企业绩效产生重要影响，因此，本研究将这两个变量作为本研究模型的控制变量，并且对这两个变量的测量是借鉴 Bharadwaj 等（2000）及 Tippins 和 Sohi（2003）在其研究中使用的量表。其中，供应商依赖的测量题项反映了对供应商的依赖程度、该企业认为主要供应商难以替代、该企业认为市区主要供应商将会付出很大代价、该企业大部分生意是和几个主要供应商一起做等 4 个方面的内容；而 IT 规划能力则反映了企业能够定期或不定期地推出新产品或服务、拥有强大的技术支持人员、了解 IT 应用程序可能带来的好处、具备足够的信息技术知识等 4 个方面的情况。具体题项如表 4-8 所示。

表 4-8 控制变量的测量题项

控制变量	编码	测量题项	来源
供应商依赖	1	依靠其主要供应商	Dubey et al.（2019）
	2	主要供应商是难以替代的	
	3	失去主要供应商将会付出很大的代价	
	4	大部分生意是和几个主要的供应商一起做的	
IT 规划能力	5	企业能够定期或不定期地推出新产品或服务	Bharadwaj et al.（2000）
	6	拥有强大的技术支持人员	
	7	了解 IT 应用程序可能带来的好处	
	8	有足够的信息技术知识	

三、调查对象与数据收集

（一）调查对象

本研究的主要研究问题是从企业的角度研究多渠道整合与企业绩效之间的关系，将多渠道一致、协作、共享、互补引入企业绩效研究领域，将企业间多渠道整合与企业绩效相联系，以检验多渠道间一致、协作、共享、互补与企业绩效之间的作用及其核心作用机制。鉴于此，本着与该研究情境相吻合的原则，首先，本研究选择了以多渠道进行销售的企业作为本研究的问卷设计对象，问卷的具体发放对象是对该企业有相对充分了解的员工，地理来源广泛，其中以来自北京、浙江、江苏、湖南、广东等地的受访对象为主。在具体的调查内容方面，主要包括测量各个进行多渠道销售方式的企业受访对象对该企业多渠道整合、组织柔性、物流能力、企业绩效等方面的评价，共 45 个问题。此外，还包括关于被调查者特征的 6 个问题。

（二）数据收集

在数据收集阶段，本研究主要进行了预调研、正式调研、问卷发放与回收等几个方面的工作，具体阐述如下。

1. 预调查

为了确保调查问卷具有较好的信度和效度，在进行大规模的问卷发放之前，本研究在小范围内实施了预调查。根据便利抽样原则，本研究选择了湖南省内的以多渠道方式进行销售的企业作为问卷的调查对象，以电子邮件的方式发放问卷，总共发放了 50 份问卷，问卷收集历时两周，最后回收了 42 份有效问卷，问卷回复率为 84%。

对所收集的问卷进行整理后，为了确保本研究所设计的测量量表的内部一致性和稳定性，本研究采用统计软件 SPSS 22.0 对样本数据进行信度检验，采取的是 Cronbach's α 系数法。所收集的样本数据的信度检验结果如表 4-9 所示。

表 4-9　各变量的 Cronbach's α 值

变量名称	变量 Cronbach's α
多渠道一致性	0.924
多渠道互补性	0.854
多渠道协作性	0.901
多渠道共享性	0.858
组织柔性	0.921
服务能力	0.816
灵活性能力	0.828
供应商依赖	0.835
IT 规划能力	0.891
企业绩效	0.896

注：样本量 N=82。

根据已有研究表明，Cronbach's α 的值大于 0.6 时，可以代表该测量量表的信度处于被接受的范围之内；Cronbach's α 的值大于 0.7 时，可以代表该测量量表的信度较好（Fornell and Larcker，1981）。由表 4-9 的信度分析结果可以发现，在本研究模型所有潜变量的 Cronbach's α 值中，所有变量的 Cronbach's α 值均超过了 0.7。因此，根据上述标准，可以得出，本研究所有测量变量的内在一致性都较高，具有良好的信度。

2. 正式调查

在上述预调查的基础上，本研究开始进行正式的大规模问卷调查。正式的数据收集工作时间开始于 2021 年 3 月上旬至 2021 年 4 月下旬，历时将近一个月。本研究采取实地调查及线上填写问卷的方式。首先，在专业的在线问卷调查网站（问卷星）上发布本研究的调查问卷，然后将来自 5 个省市的 247 家通过传统在线渠道、实体渠道和移动商务渠道进行销售的企业作为调查对象。企业基本信息包括企业规模、企业年龄、企业所在地、被调查者职务以及企业所有制性质等。通过 E-mail、QQ、微信等在线通信工具将问卷链接发给被调查者，最后通过对问卷星网站提供的专业回收数据工具对所有被调查者提供的数据进行回收。其中，对于无效问卷坚决予以删除。在回收问卷并剔除无效问卷后，得到 152 份有效问卷，问卷回复率为 61.5%。

四、样本与数据概况

本研究的调查问卷主要分为两个部分：一是对调查对象的企业统计因素进行调查，包括企业规模、企业年龄、企业所在地、被调查者职务以及企业所有制性质等；二是对本研究模型所涉及变量进行调查，包括多渠道一致性、多渠道互补性、多渠道协作性、多渠道共享性、组织柔性、服务能力、灵活性能力、企业绩效等的测量。在对大规模收集获得的 152 个有效样本进行整理的基础上，本研究使用统计软件 SPSS 22.0 和 AMOS 18.0 对有效样本的整体特性和研究模型中所有变量进行了描述性统计分析，并对变量之间的假设关系进行了实证检验。下面分别从样本与数据概况、相关分析、共同方法偏差检验、共线性检验、信度与效度分析、整体模型适配度检验以及假设检验等几个方面进行汇报和解析。

通过对 152 个有效样本的企业统计变量特征进行分析，本研究的样本在企业规模、企业年龄、企业所在地、被调查者职务以及企业所有制性质等几个方面具有以下特点，具体如表 4-10 所示。

表 4-10　有效样本基本信息描述

		样本数	百分比
企业年龄	5 年以内	33	21.7%
	6 ~ 10 年	45	29.6%
	11 ~ 15 年	41	27.0%
	16 ~ 20 年	29	19.1%
	20 年以上	4	2.6%
企业规模	500 人以下	54	35.5%
	501 ~ 1000 人	48	31.6%
	1001 ~ 2000 人	37	24.3%
	2001 ~ 3000 人	11	7.2%
	3000 人以上	2	1.4%
企业所有制性质	国有及国有控股企业	24	15.8%
	民营企业	73	48.0%
	外商独资企业	29	19.1%
	合资企业	26	17.1%
	其他	0	0
企业所在地	北京	17	11.2%
	浙江	32	21.1%
	江苏	29	19.1%
	湖南	48	31.5%
	广东	26	17.1%

注：样本量 N=152。

如表 4-10 所示，本研究的有效样本在企业年龄方面，5 年以内的企业占比 21.7%，6 ~ 10 年的企业占比 29.6%，11 ~ 15 年的企业占比 27.0%，16 ~ 20 年的企业占比 19.1%，20 年以上的企业占比 2.6%。由此可见，企业年龄在 6 ~ 10 年的企业占比相对较多，企业年龄在 20 年以上的企业占比较少。在企业规模方面，500 人以下的企业为 54 家，占有效样本总数中的 35.5%；501 ~ 1000 人的企业为 48 家，占有效样本总数中的 31.6%；1001 ~ 2000 人的企业为 37 家，占有效样本总数中的 24.3%；2001 ~ 3000 人的企业为 11 家，占有效样本总数中的 7.2%；3000 人以上的大型企业有 2 家，占有效样本总数中的 1.4%。在企业所有制性质方面，国有及国有控股企业为 24 家，占有效样本总数中的 15.8%；民营企业为 73 家，占有效样本总数中的 48.0%；外商独资企业为 29 家，占有效样本总数中的 19.1%；合资企业为 26 家，占有效样本总数中的 17.1%。在企业所在地方面，在北京的企业为 17 家，占有效样本总数中的 11.2%；在浙江的企业为 32 家，占有效样本总数中的 21.1%；在江苏的企业为 29 家，占有效样本总数中的 19.1%；在湖南的企业为 48 家，占有效样本总数中的 31.5%；在广东的企业为 26 家，占有效样本总数中的 17.1%。

本章小结

本章主要针对前一章所提出的研究模型与研究假设，阐述本研究采用的基本研究设计原则与方法，具体包括问卷设计原则以及问卷设计的过程、研究变量的操作性定义、具体测量题项、调查对象说明以及数据收集与整理过程等内容，以及对样本与数据进行概括。

第五章　多渠道整合与企业绩效之间关系的数据分析与假设检验

一、信度与效度分析

所谓信度（reliability），是指经过多次测量所得结果的一致性和稳定性，或估计测量误差以反映其真实量数的指标（吴明隆、涂金堂，2012）。因此，信度分析的目的是检验量表所测结果的稳定性和一致性。它既包括外部信度（external reliability），又包括内部信度（internal reliability）。前者通常用于检验在不同时点对同一量表进行测量所得到的结果是否保持稳定与一致。然而，由于现实条件的局限性，一般情况下很难进行多次抽样以检测量表的外部信度。因此，本研究的信度分析主要是对量表的内部信度进行检验。内部信度通常用于检测具有多个题项的量表是否测量的是同一个概念，以及量表的多个题项之间的内部是否一致。反映内部信度的指标有很多，使用频率较高的有 K–R 信度、折半信度、Cronbach's α 等。其中，Cronbach's α 是目前使用频率最高的内部信度指标。

目前，关于可接受的最小内部信度 α 系数值的标准尚不统一。例如，

Bryman 和 Cramer（1999）认为如果内部信度系数 α 系数值在 0.80 以上，说明量表具有可接受的信度；Nunnally（1978）则认为可接受的最小内部信度 α 系数值是 0.70 以上。吴明隆、涂金堂（2012）在对前人的这些观点进行综合考量的基础上，提出了更具可行性的判断标准，具体是：在信度系数的可接受度方面，因子层面的 Cronbach's α 系数值最好大于 0.70，勉强接受值是大于 0.60；总量表层面的 Cronbach's α 系数值最好大于 0.80，最佳的信度值应大于 0.90。因此，本书使用软件 SPSS 25.0 检验测量量表的信度，采用 Cronbach's α 值表示测量量表的信度。

通过使用软件 SPSS 25.0 对数据进行分析后，得到各个变量的 Cronbach's α 值，结果如表 5-1 所示。多渠道一致性、多渠道互补性、多渠道协作性、多渠道共享性、组织柔性、服务能力、灵活性能力、供应商依赖、IT 规划能力、企业绩效等各个变量的 Cronbach's α 值都大于 0.7，表明测量量表中各个变量的测量指标的内部一致性程度高，具有较好的信度水平。

表 5-1　各变量的 Cronbach's α 值

变量名称	变量 Cronbach's α
多渠道一致性	0.915
多渠道互补性	0.878
多渠道协作性	0.917
多渠道共享性	0.839
组织柔性	0.943
服务能力	0.846
灵活性能力	0.881
供应商依赖	0.881
IT 规划能力	0.872
企业绩效	0.909

效度（validity）是用于分析量表中的测量题项是否能够准确测量所测变量，如果测量题项能够准确测量所测变量，则说明该量表的效度高，反之亦然（吴明隆，2010）。一般采用内容效度和建构效度两个测量指标。首先，内容效度的保证来源于两个方面的工作：一是确保变量的测量量表

及其具体题项的来源、翻译以及调整具有厚实的理论基础以及文献依据，使其在测量上具有科学性、客观性以及可行性；二是邀请相关领域的专家对所设计的测量量表进行评定，并基于专家的评定意见进行准确调整与完善。这些都是确保测量量表具有较高内容效度的基本保障工作。其次，与内容效度的主观判断特性不同，建构效度是利用统计软件对测量量表效度进行分析的一个客观指标，具体又可被划分为聚合效度和区分效度，前者是用于分析一个变量中的多个测量题项之间是否具有高度相关性，后者则是用于分析一个变量的多个测量题项之间是否具有差异性（吴明隆，2010）。基于此，本研究通过采用 AMOS 23.0 对所测量的量表展开效度检验，通过使用验证性因子分析分别检验该模型的结构效度、区分效度和聚合效度。在结构效度方面，普遍认为 $\chi^2/df<3$、RMSEA<0.05 表示适配理想，$\chi^2/df<5$、RMSEA<0.08 表示可以接受；当 GFI、TLI、CFI、RFI、IFI、NFI 大于 0.9 时，代表模型的整体适配度良好。在聚合效度方面，普遍认为因子荷载大于 0.5、AVE>0.5、CR>0.7 时，代表各变量间的聚合效度较好。在区分效度方面，普遍认为各潜变量相关性系数绝对值小于 AVE 的平方根且相关性显著时，代表各个变量间具有较好的区分效度。

1. 结构效度

使用软件 AMOS 23.0 对数据进行分析，得到表 5-2，从表中可知，χ^2/df 值为 1.170，小于 3；RMSEA 值为 0.034，小于 0.08；TLI、CFI、IFI 指标大于 0.9，GFI、RFI、NFI 的值接近 0.9。因此，可以得出该模型适配理想的结论，验证因子模型的结构效度较好。

表 5-2　验证因子模型拟合指标

拟合指标	χ^2/df	RMSEA	GFI	RFI	NFI	TLI	CFI	IFI
拟合标准	< 3	< 0.08	> 0.90	> 0.90	> 0.90	> 0.90	> 0.90	> 0.90
模型指标	1.170	0.034	0.810	0.869	0.881	0.979	0.981	0.981
适配判断	符合	符合	接近	接近	接近	符合	符合	符合

2. 聚合效度

通过使用软件 AMOS 23.0 对数据分析，得到表 5–3。由表可得各个潜变量对应的各个题目的因子荷载均大于 0.7，表示各个潜变量所对应的题目均具有较高的代表性。另外，由表可知，各个潜变量的 AVE 值均大于 0.5，CR 值均大于 0.8，表明聚合效度良好。

表 5–3　潜变量因子载荷、AVE 与 CR

路径			Estimate	AVE	CR
A1	<---	多渠道一致性	0.838	0.643	0.915
A2	<---		0.777		
A3	<---		0.815		
A4	<---		0.765		
A5	<---		0.792		
A6	<---		0.821		
B1	<---	多渠道互补性	0.811	0.648	0.880
B2	<---		0.797		
B3	<---		0.824		
B4	<---		0.787		
C1	<---	多渠道协作性	0.834	0.690	0.918
C2	<---		0.846		
C3	<---		0.813		
C4	<---		0.863		
C5	<---		0.796		
D1	<---	多渠道共享性	0.776	0.640	0.842
D2	<---		0.825		
D3	<---		0.798		
E1	<---	组织柔性	0.784	0.645	0.936
E2	<---		0.838		
E3	<---		0.864		
E4	<---		0.767		
E5	<---		0.858		
E6	<---		0.754		
E7	<---		0.787		
E8	<---		0.765		

续表

路径			Estimate	AVE	CR
F1	<---	服务能力	0.763	0.672	0.860
F2	<---		0.811		
F3	<---		0.881		
G1	<---	灵活性能力	0.818	0.625	0.870
G2	<---		0.746		
G3	<---		0.814		
G4	<---		0.781		
J1	<---	企业绩效	0.871	0.668	0.910
J2	<---		0.821		
J3	<---		0.832		
J4	<---		0.788		
J5	<---		0.769		

3. 区分效度

使用 AMOS 23.0 对数据进行分析得到表 5-4。由表可得，各个变量间的相关性系数均小于其所对应的 AVE 的平方根，表明区分效度理想。

表 5-4　变量间的系数

	1	2	3	4	5	6	7	8
1. 多渠道一致性	0.6428							
2. 多渠道互补性	0.648***	0.6478						
3. 多渠道协作性	0.714***	0.652***	0.6901					
4. 多渠道共享性	0.714***	0.639***	0.717***	0.6399				
5. 组织柔性	0.602***	0.566***	0.61***	0.616***	0.6451			
6. 服务能力	0.807***	0.736***	0.798***	0.814***	0.677***	0.672		
7. 灵活性能力	0.652***	0.614***	0.672***	0.648***	0.563***	0.762***	0.6245	
8. 企业绩效	0.701***	0.651***	0.697***	0.709***	0.599***	0.802***	0.658***	0.6674
AVE 平方根	0.802	0.805	0.831	0.800	0.803	0.820	0.790	0.817

注：a.*** 代表 $p<0.001$；b. 对角线为 AVE。

综合表5-2、表5-3和表5-4的结果可知，本研究各变量间具有较好的聚合效度和区分效度，模型整体适配度较为理想。

二、相关性分析

相关分析是一种数量分析方法，用于分析事物之间的关系。通常使用Pearson相关系数作为分析指标。因此，本研究使用统计软件SPSS 25.0计算研究模型中各变量之间的Pearson相关系数，以此度量它们之间的线性相关关系，并初步检验是否与基本假设保持一致。具体分析结果如表5-5所示，表中汇报了企业年龄、企业规模、所有制性质、多渠道一致性、多渠道互补性、多渠道协作性、多渠道共享性、组织柔性、服务能力、灵活性能力、供应商依赖、IT规划能力、企业绩效等变量的均值、标准差以及两两变量之间的相关系数（具体见表5-5）。

相关性分析的结果可以作为初步判断两两变量间关系的依据，为是否能开展下一步回归分析提供了判断依据。如表5-5左下方数据所示，多渠道一致性、多渠道互补性、多渠道协作性和多渠道共享性分别与组织柔性和企业绩效显著正相关；组织柔性与企业绩效显著正相关。由此可知，变量间的相关性与前文提出的假设相一致，证明了本研究思路的可行性。

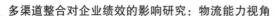

表5-5 各变量均值、标准差及相关系数

	平均值	标准差	1	2	3	4	5	6	7	8	9	10	11	12	13
企业年龄	2.86	1.245	1	-0.123	0.066	0.058	0.06	0.069	0.094	0.083	0.089	0.12	0.108	0.102	0.094
企业规模	2.29	1.2	-0.124	1	0.027	0.046	0.089	0.065	0.056	0.074	0.102	0.078	0.043	0.081	0.009
所有制性质	2.21	0.994	0.066	0.026	1	-0.097	-0.084	-0.094	-0.008	-0.065	-0.086	-0.023	-0.067	-0.053	-0.03
多渠道一致性	3.996	0.878	0.057	0.046	-0.098	1	0.88	0.918	0.879	0.927	0.887	0.875	0.897	0.875	0.904
多渠道互补性	3.952	0.906	0.060	0.089	-0.084	0.880**	1	0.894	0.843	0.901	0.879	0.89	0.907	0.88	0.902
多渠道协作性	3.980	0.970	0.069	0.065	-0.094	0.917**	0.894**	1	0.894	0.979	0.932	0.912	0.916	0.902	0.909
多渠道共享性	4.002	0.936	0.095	0.054	-0.008	0.877**	0.842**	0.893**	1	0.957	0.917	0.902	0.887	0.863	0.887
组织柔性	3.993	0.921	0.109	0.063	-0.062	0.912**	0.921**	0.937**	0.902**	1	0.965	0.931	0.93	0.912	0.927
服务能力	3.987	0.982	0.142	0.052	-0.066	0.878**	0.853**	0.874**	0.849**	0.874**	1	0.893	0.888	0.881	0.884
灵活性能力	4.023	0.948	0.059	0.06	-0.033	0.870**	0.878**	0.904**	0.837**	0.896**	0.871**	1	0.941	0.947	0.904
供应商依赖	3.993	0.946	0.117	0.036	-0.08	0.883**	0.890**	0.898**	0.863**	0.951**	0.822**	0.854**	1	0.883	0.902
IT规划能力	4.040	0.918	0.103	0.08	-0.053	0.873**	0.879**	0.902**	0.863**	0.969**	0.861**	0.870**	0.860**	1	0.887
企业绩效	3.949	0.884	0.095	0.008	-0.030	0.903**	0.901**	0.909**	0.887**	0.922**	0.889**	0.890**	0.876**	0.887**	1
职务	4.590	0.634	0.037	-0.035	0.011	-0.023	-0.002	0.014	0.028	0.026	0.079	0.017	0.002	0.036	0.026

注：a. **在0.01级别（双尾），相关性显著。 *. 在0.05级别（双尾），相关性显著。右上方区域是控制职务后变量间的相关系数。

b. 表格左下方区域是变量间的零阶相关系数，右上方区域是控制职务后变量间的相关系数。

三、共同方法偏差

在进行问卷调查时，由于问卷上所有题目的信息都是企业员工单方面提供，可能存在共同方法偏差问题。为了避免本研究的分析结果受到共同方法偏差问题的干扰，首先要求受访者对问卷保持客观科学的态度。其次，在进行数据分析时，使用标记变量法进行统计检验，即进行偏相关分析。具体做法是选择一个与本研究模型中所有变量不相关的变量作为标记变量，然后控制该标记变量重新对所有变量进行两两相关分析。如果相关分析的结果显示，本模型所有变量两两之间的相关系数较之控制标记变量之前的系数没有发生显著变化，则可认为本研究的数据分析结果（见表5-5）未受到共同方法偏差问题的显著影响。

根据上述方法，本研究选择受访者的职务作为标记变量，然后进行偏相关分析，具体结果如表5-5右上方所示。对比表5-5左下方的零阶相关系数，结果发现多渠道一致性、多渠道互补性、多渠道协作性、多渠道共享性与企业绩效之间的相关系数均未发生明显变化，可知本研究受共同方法偏差问题干扰较小。

四、假设检验

1. 多渠道整合与组织柔性间的关系检验

本研究使用 SPSS 25.0 对多渠道一致性、多渠道互补性、多渠道协作性和多渠道共享性与组织柔性间的假设关系进行回归分析，回归分析结果如表5-6所示。多渠道一致性对组织柔性的回归系数 $\beta=0.360$（$p<0.001$），说明多渠道一致性对组织柔性具有显著正向影响，支持 H1a；多渠道互补性对组织柔性的回归系数 $\beta=0.162$（$p<0.05$），说明多渠道互补性对组织柔性具

有显著正向影响，支持 H1b；多渠道协作性对组织柔性的回归系数 β =0.740（p<0.001），说明多渠道协作性对组织柔性具有显著正向影响，支持 H1c；多渠道共享性对组织柔性的回归系数 β =0.546（p<0.001），说明多渠道共享性对组织柔性具有显著正向影响，支持 H1d。

2. 组织柔性与企业绩效间的关系检验

表 5–6　回归分析结果

因变量	组织柔性				企业绩效		
控制变量							
企业年龄	−0.003	−0.013	0.005	−0.014	−0.006	−0.015	−0.021
企业规模	0.019	0.009	0.011	0.015	−0.059	−0.064	−0.052
企业所有制性质	0.009	0.000	0.020	−0.031	0.033	0.039	0.014
职务	0.007	−0.005	−0.002	−0.011	0.006	−0.005	0.012
供应商依赖	0.366	0.473	0.169	0.256	0.239	0.398	0.439
IT 规划能力	0.272	0.352	0.095	0.213	0.203	0.298	0.336
自变量					0.526		
多渠道一致性	0.360						
多渠道互补性		0.162					
多渠道协作性			0.740				
多渠道共享性				0.546			
组织柔性					0.526		
服务能力						0.280	
灵活性能力							0.497
R^2	0.923	0.906	0.968	0.956	0.882	0.931	0.919
调整后的 R^2	0.919	0.902	0.966	0.954	0.876	0.861	0.837
F	247.276	198.558	620.584	451.303	153.129	134.766	130.423

注：a. *** 表示 $p < 0.001$；** 表示 $p < 0.01$；* 表示 $p < 0.05$，双尾检验。

如表 5-6 所示，组织柔性对企业绩效的回归系数 β =0.526（p<0.001），说明组织柔性对企业绩效具有显著正向影响，支持 H2。

3. 组织柔性的中介作用检验

本书使用 Baron 等提出的三步回归分析方法对研究假设进行检验。具体而言，在控制了控制变量的影响后，第一步先检验多渠道一致性、多渠道互补性、多渠道协作性和多渠道共享性与组织柔性是否具有显著影响，第二步检验多渠道一致性、多渠道互补性、多渠道协作性和多渠道共享性对企业绩效是否具有显著影响。如果这两个检验通过，则说明前两个假设得到支持。最后一步同时检验多渠道一致性、多渠道互补性、多渠道协作性和多渠道共享性与组织柔性对企业绩效的影响。如果结果显示组织柔性的回归系数显著，而渠道一致性、多渠道互补性、多渠道协作性和多渠道共享性的回归系数减小但仍达到显著水平，则说明组织柔性在多渠道一致性、多渠道互补性、多渠道协作性和多渠道共享性的过程中只起到部分中介作用；若组织柔性的回归系数显著，而多渠道一致性、多渠道互补性、多渠道协作性和多渠道共享性的回归系数不再显著，则说明组织柔性在这一过程中起到完全中介作用。

回归分析结果如表 5-7 所示。在回归分析的第一步（模型 1），多渠道一致性与组织柔性之间呈显著正相关（β =0.360，$p<0.001$）。在回归分析的第二步（模型 5），多渠道一致性与企业绩效之间呈显著正相关（β =0.381，$p<0.001$）。因此进行回归分析的第三步，同时考察多渠道一致性与组织柔性对企业绩效的影响。分析结果显示（模型 9），多渠道一致性也对企业绩效具有显著的解释能力（β =0.243，$p<0.01$），组织柔性对企业绩效具有显著的解释能力（β =0.381，$p<0.001$），表明组织柔性在多渠道一致性对企业绩效的影响过程中起到部分中介作用；因此，支持 H3a。

回归分析结果如表 5-7 所示。在回归分析的第一步（模型 2），多渠道互补性与组织柔性之间呈显著正相关（β =0.162，$p<0.001$）。在回归分析的第二步（模型 6），多渠道互补性与企业绩效之间呈显著正相关（β =0.363，$p<0.001$）。因此进行回归分析的第三步，同时考察多渠道互补性与组织柔性对企业绩效的影响。分析结果显示（模型 10），多渠道互补性对企业绩效具有显著的解释能力（β =0.289，$p<0.001$），组织柔

性对企业绩效具有显著的解释能力（β=0.456，$p<0.001$），表明组织柔性在多渠道互补性对企业绩效的影响过程中起到部分中介作用；因此，支持 H3b。

回归分析结果如表 5-7 所示。在回归分析的第一步（模型 3），多渠道协作性与组织柔性之间呈显著正相关（β=0.740，$p<0.001$）。在回归分析的第二步（模型 7），多渠道协作性与企业绩效之间呈显著正相关（β=0.379，$p<0.001$）。因此进行回归分析的第三步，同时考察多渠道协作性与组织柔性对企业绩效的影响。分析结果显示（模型 11），多渠道协作性对企业绩效不具有显著的解释能力（β=−0.030，$p>0.05$），组织柔性对企业绩效具有显著的解释能力（β=0.553，$p<0.001$），表明组织柔性在多渠道协作性对企业绩效的影响过程中起到完全中介作用；因此，支持 H3c。

回归分析结果如表 5-7 所示。在回归分析的第一步（模型 4），多渠道共享性与组织柔性之间呈显著正相关（β=0.546，$p<0.001$）。在回归分析的第二步（模型 8），多渠道共享性与企业绩效之间呈显著正相关（β=0.286，$p<0.001$）。因此进行回归分析的第三步，同时考察多渠道共享性与组织柔性对企业绩效的影响。分析结果显示（模型 12），多渠道共享性对企业绩效不具有显著的解释能力（β=−0.002，$p>0.05$），组织柔性对企业绩效具有显著的解释能力（β=0.528，$p<0.001$），表明组织柔性在多渠道共享性对企业绩效的影响过程中起到完全中介作用；因此，支持 H3d。

4. 物流能力与企业绩效间的关系检验

如表 5-6 所示，服务能力对企业绩效的回归系数 β=0.280（$p<0.001$），灵活性能力对企业绩效的回归系数 β=0.497（$p<0.001$），表明物流能力对企业绩效具有显著正向影响，支持 H4。

表5-7　三步回归分析结果

		1	2	3	4	5	6	7	8	9	10	11	12
控制变量	企业年龄	-0.003	-0.013	0.005	-0.014	0.000	-0.003	-0.004	-0.013	0.001	0.003	-0.007	-0.006
	企业规模	0.019	0.009	0.011	0.015	-0.046	-0.062	-0.053	-0.051	-0.053	-0.067	-0.059	-0.059
	所有制性质	0.009	0.000	0.020	-0.031	0.045	0.040	0.043	0.016	0.041	0.039	0.032	0.033
	职务	0.007	-0.005	-0.002	-0.011	0.018	0.009	0.004	0.000	0.015	0.011	0.006	0.006
	供应商依赖	0.366	0.473	0.169	0.256	0.324	0.322	0.333	0.374	0.184	0.107	0.240	0.239
	IT规划能力	0.272	0.352	0.095	0.213	0.274	0.291	0.257	0.316	0.170	0.130	0.205	0.203
自变量	多渠道一致性	0.360***				0.381***				0.243**			
	组织柔性		0.162***							0.381***			
	多渠道互补性			0.740***			0.363***				0.289***		
	组织柔性				0.546***						0.456***		
	多渠道协作性							0.379***				-0.030不显著	
	组织柔性											0.553***	
	多渠道共享性								0.286***				-0.002不显著
	组织柔性												0.528***
	R^2	0.923	0.906	0.968	0.956	0.878	0.874	0.872	0.869	0.889	0.893	0.882	0.882
	ΔR^2	0.919	0.902	0.966	0.954	0.872	0.868	0.866	0.863	0.883	0.887	0.875	0.875
	F	247.276***	198.558***	620.584***	451.303***	147.904***	142.372***	139.882***	136.975***	143.260***	149.593***	133.102***	133.058***

注：a. *** 表示 $p < 0.001$；** 表示 $p < 0.01$；* 表示 $p < 0.05$，双尾检验。

5. 物流能力的调节作用检验

本研究采用回归模型检验调节变量"服务能力"的影响效应，即 H5a。H5a 假设：服务能力强化组织柔性对企业绩效的影响。根据假设检验回归分析结果（如表 5-8 所示），服务能力对组织柔性与企业绩效之间的关系具有显著的负向调节作用（β =-1.159，p <0.001），即服务能力弱化组织柔性对企业绩效的影响，因此不支持 H5a。

同样地，本研究采用回归模型检验调节变量"灵活性能力"的影响效应，即 H5b。H5b 假设：灵活性能力强化组织柔性对企业绩效的影响。根据假设检验回归分析结果（如表 5-8 所示），灵活性能力对组织柔性与企业绩效之间的关系具有显著的负向调节作用（β =-0.822，p<0.01），即灵活性能力弱化组织柔性对企业绩效的影响，因此也不支持 H5b。

表 5-8　回归分析结果

	因变量	企业绩效	
控制变量	企业年龄	0.004	−0.006
	企业规模	−0.047	−0.054
	企业所有制性质	0.021	0.024
	职务	0.012	0.010
	供应商依赖	0.161	0.177
	IT 规划能力	0.128	0.159
自变量	组织柔性	10.078	0.898
	服务能力	0.745	
	灵活性能力		0.566
	组织柔性 × 服务能力	−1.159	
	组织柔性 × 灵活性能力		−0.822
	R^2	0.894	0.887
	ΔR^2	0.888	0.880
	F	133.639	124.193

注：a. *** 表示 $p < 0.001$；** 表示 $p < 0.01$；* 表示 $p < 0.05$，双尾检验。

本章小结

本章主要内容是对所收集的数据进行分析，并在此基础上对所提出的研究假设进行检验。具体包括信度与效度分析、相关性分析、共同方法偏差和假设检验等内容。检验结果表明，多渠道整合对组织柔性具有显著的正向作用，组织柔性对企业绩效也具有显著的正向作用；同时，多渠道整合通过组织柔性的中介作用对企业绩效产生正向影响；此外，物流能力与企业绩效呈正相关关系，物流能力强化组织柔性对企业绩效的影响。这些结果都支持了相关的研究假设。本研究的实证结果汇总如表 5–9 所示。

表 5–9　本研究相关研究假设的检验结果汇总

关于多渠道一致性与组织柔性之间关系的研究假设	结果
H1a：多渠道一致性与组织柔性正相关	支持
关于多渠道互补性与组织柔性之间关系的研究假设	结果
H1b：多渠道互补性与组织柔性正相关	支持
关于多渠道协作性与组织柔性之间关系的研究假设	结果
H1c：多渠道协作性与组织柔性正相关	支持
关于多渠道共享性与组织柔性之间关系的研究假设	结果
H1d：多渠道共享性与组织柔性正相关	支持
关于组织柔性与企业绩效之间关系的研究假设	结果
H2：组织柔性与企业绩效正相关	支持
关于组织柔性在多渠道一致性与企业绩效之间的中介作用	结果
H3a：组织柔性在多渠道一致性影响企业绩效的过程中起中介作用	支持
关于组织柔性在多渠道互补性与企业绩效之间的中介作用	结果
H3b：组织柔性在多渠道互补性影响企业绩效的过程中起中介作用	支持
关于组织柔性在多渠道协作性与企业绩效之间的中介作用	结果
H3c：组织柔性在多渠道协作性影响企业绩效的过程中起中介作用	支持
关于组织柔性在多渠道共享性与企业绩效之间的中介作用	结果
H3d：组织柔性在多渠道共享性影响企业绩效的过程中起中介作用	支持
关于物流能力与企业绩效之间关系的研究假设	结果
H4：物流能力与企业绩效正相关	支持
关于服务能力在组织柔性与企业绩效之间的调节作用的研究假设	结果
H5a：服务能力强化组织柔性对企业绩效的影响	支持
关于灵活性能力在组织柔性与企业绩效之间的调节作用的研究假设	结果
H5b：灵活性能力强化组织柔性对企业绩效的影响	支持

第六章　多渠道整合与企业绩效之间关系的研究总结

一、多渠道整合与企业绩效之间关系的主要研究结论

本研究以多渠道整合模式为切入点，在文献回顾的基础上对企业多渠道整合、组织柔性、物流能力、企业绩效等概念进行了界定，并构建起多渠道一致、多渠道协作、多渠道互补、多渠道共享、组织柔性、服务能力、灵活性能力、企业绩效等变量间作用关系的假设模型，借此来探究企业多渠道一致、多渠道协作、多渠道互补、多渠道共享分别对企业绩效的作用效果。为了进一步剖析多渠道整合与企业绩效之间关系的深层次作用机理，本研究引入了组织柔性这一变量，来探究组织柔性在多渠道一致、多渠道协作、多渠道互补、多渠道共享影响企业绩效过程中所起到的中介作用，并分析了企业多渠道一致、多渠道协作、多渠道互补、多渠道共享对组织柔性的作用效果。此外，本研究还分析了物流能力对企业绩效的直接影响，以及探究了物流能力这一变量在组织柔性与企业绩效关系中所起的调节作用。最终，通过对 152 份有效问卷的数据使用回归分析以及三步回归分析，

得到以下研究结论。

（1）多渠道一致性与组织柔性显著正相关。本研究发现，多渠道一致性通过提供一致的商品、价格信息和顾客服务来维护零售商多渠道的品牌形象，并通过渠道提供扩展服务来创造协同效应。线上线下渠道间的互动有助于加速组织间项目更新和修订，对组织战略进行仔细评估，从而使得组织柔性显著增强。通过保持品牌信息的多渠道一致性，可以强化多渠道为企业组织间联系带来的正向影响，可以加强企业内部各部门之间的紧密配合和联系，进而促进组织柔性的增加。多渠道一致性通过企业组织战略实现多渠道间产品、价格、营销等信息的一致，企业始终保持着稳固有效的运行能力，增强了组织柔性。因此，本研究得出以下结论：强化多渠道一致性将正向影响组织柔性。

（2）多渠道互补性与组织柔性显著正相关。本研究发现，多渠道互补性根据每种渠道的优势与劣势相应地提供不同的服务内容，并采取不同的服务策略，使它们在给顾客提供服务层面实现优劣势互补，能够实现渠道间优劣势互补，使企业更容易对内部和外部环境的变化作出反应，更加有效地实施了组织柔性，使企业在复杂的供应网络中运作。企业在其不同渠道间必须与个别顾客进行协调，并根据不同分销渠道的独特需求定制产品，增强了组织间的效率和灵活性。因此，本研究得出以下结论：强化多渠道互补性将正向影响组织柔性。

（3）多渠道协作性与组织柔性显著正相关。本研究通过实证分析发现，多渠道零售商通过两种渠道提供延伸服务时，可以实现协同作用。这可以增加企业内部的协调整合能力，不仅为顾客带来更好的购买体验，同时还增强了企业内部资源整合重构的能力。企业运作系统支持用户通过线上渠道查询线下渠道产品销售信息，加强了企业网络内部的协同，缓冲了需求变化速度，降低了顾客跑空现象的次数，是组织间灵活安排的体现。因此，本研究得出以下结论：强化多渠道协作性将正向影响组织柔性。

（4）多渠道共享性与组织柔性显著正相关。本研究通过实证分析发现，多渠道共享能使企业及时对外部信息进行处理，实现线上线下渠道资源高效灵活地分配，对企业业务以及服务水平进行调整，实现组织柔性的提高。另外，通过渠道间信息共享，企业在各渠道供应基础上可以获得更加丰富的信息，提高需求预测的准确性，避免需求放大效应和牛鞭效应，减少信息扭曲，使组织灵活性安排得以建立。因此，本研究得出以下结论：强化多渠道共享性将正向影响组织柔性。

（5）组织柔性与企业绩效显著正相关。本研究通过实证分析发现，组织柔性具有创造性和说服力的组织能力，有助于克服环境不确定性，提高组织竞争力。一个灵活的组织可以有效地应对外部和内部环境的任何变化，这有助于通过引入创新来提高绩效。研究认为组织柔性是在预测不可能的情况下应对外部挑战的一种战略能力，这种战略能力有助于企业绩效的显著提高。组织柔性使企业能够根据商业环境的变化增强其创造新机会的能力，稳固企业在市场中的地位，提升企业绩效。因此，本研究得出以下结论：强化组织柔性将正向影响企业绩效。

（6）组织柔性在多渠道一致、多渠道协作、多渠道互补、多渠道共享影响企业绩效的过程中起中介作用。第一，企业核心竞争力之一表现在将多渠道之间的能力、信息、观点整合起来，使之在多渠道之间的产品和服务中快速有效地体现出来，并且实现在多种渠道之间，组织内部和外部的创造、转移和组合。其中，战略柔性正是企业经济有效地应对环境变化的能力，并且这种能力离不开富有柔性的企业核心竞争能力的支撑。战略柔性最终为企业带来竞争优势，并使其获得卓越的竞争绩效和企业绩效。第二，企业集合了各类异质性资源，通过资源差异性和不能完全流动的资源稀缺性而赢得利润和竞争优势。组织内部存在资源差异性，通过资源异质性可以实现渠道之间不足资源的补充，增强资源柔性。在多渠道经营过程中，不同渠道所发挥的功能、所拥有的优势和资源会逐渐展现。根据不同渠道所拥有的不同资源发挥各个渠道的优势，或者将异质性资源进行整合，可以实现资源柔性的提升。通过渠道间资源利用的取长补短，既可以迅速解决某一渠道资源不足的问题，降低由于资源匮乏带来的生产成本和绩效损失，又可以降低转换成本，提高企业绩效。第三，多渠道协作性强化了多渠道之间的协同效应，促使企业根据顾客购买过程中的偏好和需求，更加差异化地使用整个多渠道系统，提升企业资源高效使用率。多渠道间协作性是企业复杂的技能和知识积累过程，通过组织过程的实践，使企业能够协调其活动和利用其资产，多渠道间协作有助于提升企业资源柔性和人员柔性。企业有效地管理和协调多渠道间资源整合，增强资源柔性，可以更好地预测和响应不断变化的市场需求，提高企业绩效。第四，多渠道间信息共享和知识整合过程可以降低信息不对称和不完全带来的风险，缩短交货时间，缓解牛鞭效应，降低总成本，增强组织柔性。渠道间信息共享将促使企业对现有知识进行整合吸收，并促进企业根据已有知识的有效整合，开发出新知识，实现组织内部知识再创造。当企业应对动态环境变化时，增强了组织应对能力，提升了组织柔性。在这种柔性化的组织中，管理者能够帮助企业快速回应环境变化，提高战略决策速度，推动企业进入新市场，使企业在引入新产品方面处于领先地位，从而增强企业绩效。因此，本研究得出以下结论：组织柔性在多渠道一致、多渠道协作、多渠道互补和多渠道共享影响企业绩效的过程中起中介作用。

（7）物流能力与企业绩效显著正相关。服务能力有助于企业以最优的服务、方式、成本以及最快的速度满足顾客的服务需求，而灵活性能力则有助于企业及时高效地对顾客作出回应，从而正向影响顾客价值，提高企业竞争优势，提升企业绩效。因此，本研究得出以下结论：强化物流能力将会对企业绩效产生正向影响。

（8）物流能力对组织柔性与企业绩效之间的关系起负向调节作用。本研究通过实证分析发现，服务能力和灵活性能力对组织柔性与企业绩效之间的关系均具有显著的负向调节作用（β =-1.159，p <0.001）（β =-0.822，p <0.01）。研究结果与假设 H5a、H5b 相反。这可能是因为企业为了提高物流能力，能够更好地保证为顾客提供货物跟踪等售后流程，应对快速变化的内外部条件和环境，需要不断学习、吸收新的信息技术知识，以不断优化物流战略、企业战略、业务流程等，及时快速地对顾客需求作出回应，维护和改善了客户关系，通过提高顾客满意度和顾客忠诚度，促使企业绩效提升和企业战略目标达成。但是，将企业异质性资源过度整合，不断地研发新的服务，过度的研发投入可能会导致投入资金与企业现阶段承受能力不自洽，给企业带来巨大的开支。高投入意味着高风险，新的研发投入需要经历市场漫长的检验过程，可能会拉长企业盈利周期。如果没有得到市场的积极反响，还将拉低企业利润率，反而弱化了组织柔性对企业绩效的正向影响。另外，企业通过快速及时地满足顾客非常规或特殊的定制化要求来强化企业物流能力，充分满足了顾客个性化要求，通过增强企业在市场中的竞争能力从而提升企业绩效。但是，在满足顾客定制化需求的同时，过度加强企业人员柔性，投入大量的时间成本和人员成本，导致时间和人员利用率降低，同时拉低了企业整体工作效率，这无形之中增加了企业的负担，减弱了组织柔性对企业绩效的正向影响。最后，企业物流能力的提升还体现在企业响应快速，顾客的需求能及时得到满足。当企业在面对动态环境过程中，能够动态地对企业物流运作作出优化和调整，从而提高企业的竞争优势，增强市场竞争力。战略柔性正是企业经济有效地应对环境变化的能力。然而，顾客的快速变化会增加不确定性的发生，不利于组织柔性对企业绩效的正向影响。综上所述，物流能力与组织柔性之间是一种可替代

性关系。当物流能力提升时，组织柔性对于企业绩效的影响将被弱化。

二、多渠道整合与企业绩效之间关系的理论贡献

本研究基于整合营销理论、动态能力理论，分析了企业多渠道一致、多渠道协作、多渠道互补、多渠道共享对企业绩效的影响研究机制，并探究了组织柔性在多渠道一致、多渠道协作、多渠道互补、多渠道共享影响企业绩效过程中所起到的中介作用，阐述了组织柔性与企业绩效的关系。最后，本研究还探究了物流能力这一变量在组织柔性与企业绩效之间关系所起的调节作用。本研究通过对 152 个以多渠道方式进行销售的企业样本数据进行实证分析和处理，使用软件 SPSS 25.0 和 AMOS 23.0 对本研究所提出的相关研究假设和概念模型进行了检验。本研究对多渠道整合和企业绩效等领域的研究均具有一定的启发和促进作用，其具体贡献如下。

首先，本研究对多渠道整合研究具有重要的贡献。多渠道整合的特点是对不同渠道的管理，为客户提供对公司大部分产品或服务的一致体验，利用渠道协同效应满足消费者需求，提高企业绩效。作为一种流行的企业销售模式，多渠道整合受到了研究者们广泛的关注。然而以前的研究大多是从顾客的角度出发，研究多渠道整合对顾客满意度、顾客忠诚度等的影响。例如，齐永智等（2021）在大量文献调研和前人研究成果的基础上，采用问卷调查和实证分析方法，从顾客体验的角度研究了多渠道整合对顾客购买意愿的影响，以及顾客在实体店和网店获得的消费体验之间的关系；李晋雨等（2020）对多渠道购物者进行了调查，并基于 418 份有效问卷进行了定量分析，以调查零售企业多渠道整合质量对顾客忠诚度的影响，研究发现利用多渠道优势将提高顾客感知价值，进而获取更高的顾客忠诚度。在以前的文献中，多渠道整合策略代表了通过提供整合的各种交易渠道，

包括从商店购买、从网站购买、电话订购、邮购和比较购物网站，来提高在线和离线的忠诚度。除了作为跨交易渠道，多渠道整合还具有跨媒体促销渠道的作用，通过利用各种形式的媒体沟通来获得和维持忠诚的客户，或者提供一些折扣和促销，这些都可以在跨渠道中实施。然而，很少有学者从企业视角对多渠道整合的影响进行探讨。本研究系统性地探讨了企业多渠道整合对于价值创造的贡献以及多渠道整合与企业绩效之间的关系。通过严谨的理论分析和实证研究，我们证实了多渠道整合策略对于企业业绩有巨大的推动作用，例如多渠道产品价格的一致性可以最大限度地提高企业的整体利润，线上线下广告促销的一致性也可以实现企业整体利润的最大化。同时，本研究提供了一种新的视角和范式，使得研究者可以更加深刻地理解企业多渠道整合的本质；并为进一步研究该领域提供了更为丰富和全面的文献支持。此外，在本研究中，我们选取了以多渠道销售方式为主要特征的企业作为研究对象，以拓展多渠道背景下渠道整合领域的实证研究。以往的研究倾向于将渠道整合视为一个整体进行研究探讨，根据Lee 和 Kim（2010）、庄贵军等（2019）提出的观点，强调线上线下渠道间的一致、共享、协作和互补等多个维度，在线渠道和实体渠道都有各自的优势，整合线上渠道的技术优势和实体渠道的互动优势，将为消费者带来良好的购物体验，增强消费者的信任、购买意愿和忠诚度。本研究无疑是对 Lee 和 Kim（2010）、庄贵军等（2019）观点的呼应，也是对渠道整合问题研究的推进。

其次，本研究对企业绩效的研究也具有重要贡献。学者们长期以来一直非常关注企业绩效，而决定企业绩效的因素一直是学术界争论的焦点。以往的研究主要从满足企业和消费者需求的角度，或从衡量商业行为和结果的角度来理解企业绩效，认为企业的绩效表现取决于其生产经营行为，是其生产经营行为的结果。目前，学术界对公司绩效的研究大多将其作为因变量，并考察其他变量对其的影响机制。具体而言，部分学者将其作为一个整体变量来衡量；部分学者从不同维度对其进行考察，然后再考察不同维度的差异表现；有一些学者将其他变量与企业绩效相结合进行综合评价。本研究基于营销整合理论和动态能力理论，深入剖析了影响企业绩效的前因，对企业绩效领域的相关研究做出了补充，也为现有渠道整合和企业绩效间的关系研究提供了理论价值和启发性。同时，本研究还对多渠道整合与企业绩效之间的中介机制展开了深入的剖析，结果发现组织柔性在多渠道一致、共享、协作和互补影响企业绩效的过程中具有重要的中介作用，揭示了多渠道间一致、共享、协作和互补与企业绩效之间的关系，并从四个维度探究了多渠道整合对组织柔性的影响。研究表明，企业通过强化多渠道间的一致、共享、协作和互补，能够提升企业资源柔性和能力柔性。组织柔性不仅体现在被动适应外部市场环境变化的能力上，还体现在积极探索新的市场机会、新的资源，并最终发展自身的能力上。它意味着企业可以通过改变自身的一些经营行为，将目前还不能被有效使用的资源转化为企业能够有效利用的资源。同时，在外部市场环境瞬息万变的形势下，企业能够积极探寻新资源并重新整合，从而实现资源最大化利用。正如王迎军（2000）等学者所述，组织柔性是企业主动调整自身战略以快速适应动态环境，提高组织结构的有机灵活化，从而获得持续竞争优势的能力。因此，企业有效地管理和协调多渠道间资源整合，可以增强资源柔性，更好地预测和响应不断变化的市场需求，提高企业绩效。在多渠道整合下，将多渠道之间的能力、信息、观点整合起来，实现多渠道信息共享，加强企业内部各部门之间的紧密配合和联系，增强企业的核心竞争力。本研究以组织柔性为纽带，在多渠道间一致、共享、协作和互补与企业绩效之间搭建起了一座桥梁，促进了多渠道整合与企业绩效研究的融合，对企业绩效研究的发展做出了一定贡献。另外，本研究还探究了研究企业绩效过程中的另一个常见变量——物流能力，作为组织柔性与企业绩效之间的调节变量所造成的影响。实证研究结果与本研究假设相反，发现物流能力在组织柔性与企业绩效的关系中呈负向调节作用，有助于补充和丰富企业物流能力与企业绩效之间关系的相关研究。然而，根据结果显示，对物流能力与企业绩效直接影响分析可知，物流能力会正向影响企业绩效。例如，胡雨洲（2014）提出，物流能力能显著影响企业绩效，物流能力是企业能力中十分重要的方面。物流能力能够让企业在供应链中配置生产资源以及完成产品价值实现。企业要想实施差异化战略、获得竞争优势，必须要有强有力的物流能力保证。因此，物流能力在企业绩效中究竟如何发挥作用？对这一问题的回答将引发更多新的思考。

三、多渠道整合与企业绩效之间关系的管理启示

本研究聚焦于企业的多渠道整合与企业绩效之间的关系，探讨了组织柔性在其中所起到的中介作用，并研究了物流能力在组织柔性与企业绩效关系中所起到的作用效果。本研究打开了多渠道整合与企业绩效之间的"暗箱"，在多渠道整合、组织柔性与企业绩效之间搭建起了一座桥梁，为采取多渠道销售方式的企业提供了一些启示。

第一，根据本研究的结果，多渠道间一致性、共享性、协作性和互补性与企业绩效呈正相关。这启发企业在激烈竞争时代背景下应着眼于渠道整合的全面提升。从多渠道一致性、互补性、协作性和共享性四个角度入手，实现传统在线渠道、实体渠道和移动商务渠道等的全面整合，着力为目标顾客提供无缝式购物体验。首先，在企业进行多渠道整合管理过程中，企业需要整合线上线下渠道的相关产品信息和具体业务流程。企业可以通过不同的渠道尽可能保持服务的一致性。不论是线上还是线下的服务人员，

在与客户沟通时，都应该对产品价格和售后服务等问题提供一致的答案，向顾客提供充分、清晰、统一的交易信息。在实际服务过程中，企业应确保客户通过不同渠道获得类似的交易体验。另外，企业还可以通过顾客购物信息数据收集和分析，建立多渠道间统一的数据中心，针对顾客购物喜好和习惯进行精准推送，实现企业渠道间的交叉购买，并及时解决交易过程中出现的任何问题。其次，企业应注重一种渠道对另一种渠道的互补性。例如，当顾客想要的产品在线上店铺找不到或者该门店货品不足时，企业应及时准确为顾客提供最近门店的信息或者从最近的线下门店调货进行邮寄，最大化实现各个渠道的互补，进而提升其品牌形象，维持顾客忠诚度。此外，企业应通过多个渠道，特别是在线渠道（如微博、微信和其他社交媒体平台）密切监控客户行为，了解客户对交易伙伴的态度和交易过程。互联网技术的进步使平台能够快速、永久地记录客户的反应。因此，及时获取和处理客户反馈是多渠道整合下企业必须要做好的事情。再次，在多渠道整合下，企业可以为从事线上和线下交易的客户提供帮助和回答问题，而线下实体店也可以为从事在线交易的顾客提供产品咨询和其他服务。通过多渠道沟通的质量，积极影响客户黏性，提高客户购买意愿。因此，信息整合和服务整合的多渠道整合策略是提高客户购买意愿的切入点。此外，多渠道的整合在一定程度上解决了单个渠道中现有客户与企业之间沟通不足和不对称的问题。多渠道的整合增加了企业与客户之间的沟通宽度，不同渠道之间的信息传输减少了客户在多渠道之间切换的障碍，提高了客户与零售商之间沟通的质量和效率。最后，企业需要加强渠道之间的协同管理，破除渠道之间的对抗，实现渠道间融合。在实施多渠道战略的早期阶段，企业可能会将客户从一个渠道转移到另一个渠道，从而导致短期客户流失。因此，不同渠道之间不可避免地会出现摩擦。然而，随着长期发展，这种客户损失将通过渠道整合的积极效应得到补偿，从而达到"1+1>2"的效果。

因此，在渠道整合的早期阶段，应及时监控、处理和控制来自企业内部的冲突。同时，根据顾客购物需求和购物方式，实施科学合理的渠道融合策略，可以有效压缩获取顾客和保留顾客成本，开发企业潜在优势，增强企业竞争能力，实现更大的市场覆盖。因此，企业应努力提高渠道整合质量，提升企业价值。渠道整合质量越高，企业应对市场需求变化的能力就越强，就越能根据市场需求及时调整战略、业务流程和客户反应，从而促进企业绩效的提高。更高质量的渠道整合一方面可以直接促进企业绩效的提高，另一方面有助于提高企业敏捷性，增强企业的动态能力，增强企业与竞争对手的差异化程度。

第二，企业在强化多渠道间一致性、共享性、协作性和互补性过程中，需要仔细思考如何加强多渠道间的一致性、共享性、协作性和互补性，才能实现组织柔性的提升。这有利于实现企业对组织柔性全面充分的认识。例如，多渠道一致性通过企业组织战略，实现了产品、价格、营销等信息多渠道的一致性，保持了稳定有效的运营能力，大大增强了组织柔性。另外，增强组织柔性将提升企业绩效，为企业提升绩效指明方向。组织柔性会对公司绩效产生积极影响。企业越是重视柔性能力建设，就越能有效地掌握和利用内部和外部资源，从而更能冷静地应对外部市场环境的变化。其中，企业的资源柔性可以帮助企业有效利用和转化现有的内部和外部资源，从而提高绩效。企业能力的柔性可以帮助其积极探索新的资源和市场机会，并实现及时有效的利用和探索，从而建立新的产品竞争优势，最终提高公司业绩。因此，企业应重视组织柔性的建设，特别是积极培养和探索组织柔性能力。在复杂多变的外部市场环境中，企业应充分认识到，快速适应市场变化，不断获得竞争优势是企业长期发展的关键。企业的柔性能力作为其动态协调能力的集中体现，积极培养和建设自身的柔性能力是企业主动适应外部市场环境的有效途径。具体而言，企业应通过培养资源柔性，最大限度地分配和利用内部和外部资源，以降低运营成本，并对快速变化的市场环境做出快速反应。在有效培养资源柔性的基础上，企业还应该重视能力柔性的建设。通过建立企业的能力柔性，可以实现新资源和现有资源的有效整合，从而解决企业发展初期渠道整合中的资源短缺问题，给企业的发展带来积极影响。因此，要求企业在实现强化多渠道间一致、共享、协作和互补的同时，时刻注意是否对组织柔性有积极影响，只有在兼顾组织柔性的基础上，对多渠道整合进行适当调整，才能真正提升整体的企业绩效。

第三，需要更加审慎思考物流能力在其中所起的作用。适当地保持物流能力可以避免弱化组织柔性对企业绩效的正向影响。但同时需要注意到物流能力对企业绩效的直接作用。强化物流能力可以直接促进企业绩效的提升。这更加强调企业需要对物流能力有深刻的认识。物流能力是企业及时有效地应对市场波动和不确定性的关键能力，使企业获得和保持竞争优势，并获得超额利润。作为企业的一种特殊资源，物流能力的提高有助于企业通过内部资源的有效运作来实现战略目标，从而帮助企业提高绩效。只有恰当地保持物流能力，才会对企业绩效产生更大的促进作用。

四、研究局限与展望

本研究从理论和实证的角度对多渠道一致、多渠道协作、多渠道互补、多渠道共享、组织柔性、物流能力和企业绩效之间的关系进行了深入探讨。然而，在研究过程中，仍存在以下不足和局限性。

（1）研究样本的限制。由于时间和成本等不可抗力因素的限制，本研究的调查样本数据主要通过电话采访、网络联系和面对面采访获得，因此本研究所收集的样本在采用多渠道销售的所有企业中分布并不均衡，主要集中在民营企业。国有企业、外资企业及其他企业的样本数相对较少。其次，本研究获得的测量数据来自职业层级不同的受访者。受访者可能并非对企业所有信息有足够透彻的了解，这可能导致数据测量结果存在一定的偏差。最后，由于网络问卷调查无法监控受访者的填写过程和状态，可能会出现受访者匆忙或鲁莽填写的情况，这可能导致一些数据质量低下，无法准确反映实际情况。

（2）研究模型的限制。本研究探讨了多渠道整合通过组织柔性的中介作用对企业绩效的影响，并探究了物流能力在组织柔性与企业绩效之间关系中所起的调节作用。但实际上，能够影响企业绩效的因素远不止组织柔性和物流能力。本研究未考虑其他因素，如 IT 信息规划能力等，这可能会对研究结果产生影响。

在本研究成果的基础上，笔者反思了研究的不足，并提出了几个与多渠道整合对企业绩效影响相关的展望。

第一，未来的研究应当扩大样本来源的范围，挖掘更多类型企业的相关数据，进一步验证不同类型企业是否适用于本研究所构建的模型，以增强研究结论的说服力和普适性。此外，由于本研究引用的先前研究大多来自国外期刊，在翻译过程中可能没有充分表达原始量表的内涵，导致受访者难以理解一些题项，从而影响了问卷的质量。未来的研究问卷设计需要使用更多口语，以获得高质量的调查问卷。为确保数据客观性和研究结果可靠性，未来的研究应尽可能对企业内同一层级相关人员进行问卷发放，以获得更准确的数据。

第二，根据渠道管理理论，影响企业跨渠道整合对企业绩效的主要因素包括环境因素、企业特征因素以及渠道结构、渠道功能、渠道建设和运营成本等渠道因素。后者是一个更直接的影响因素。在以前的文献中，尽管一些研究发现企业的渠道因素会影响跨渠道整合的企业绩效，例如在售前、售中和售后阶段促进跨渠道整合的渠道内化策略，但企业开设新渠道的时间和数量对跨渠道整合改善财务业绩的影响具有负向调节作用，总体而言，企业渠道因素的一些重要变量没有得到应有的重视。因此，未来的研究需要更多地关注企业渠道因素的影响，例如渠道的类型、数量、多样性和层次结构将如何影响企业跨渠道整合？企业在渠道中发挥的功能对其跨渠道整合有什么影响？此外，尽管一些研究关注机构压力、多元化战略、企业财务资源和 IT 能力对跨渠道整合的直接影响或调节作用，但仍有许多内部和外部因素没有得到重视，例如企业营销策略、目标市场的消费者特征、环境动态、资源整合能力和企业沟通能力。未来的研究也可以在这些方面寻求突破。

第三，以往的文献更多地关注跨渠道整合的结果，而对跨渠道整合的前因缺乏关注。这种现状将限制理论研究对企业实践的指导意义。例如，先前的研究发现，全渠道零售商可以通过跨渠道整合优化消费者的购物体验，提高消费者满意度和对零售商的忠诚度。然而，当得知这一研究结果时，一些公司可能会说：这并不是我们不想整合渠道，而是一些内部和外部因素阻碍了我们整合渠道。那么，哪些因素会影响企业的跨渠道整合呢？仅研究跨渠道整合的结果而不研究其前因是无法回答这个问题的。因此，在未来有必要加强对前因的研究。

第四，关于跨渠道整合后果的研究，以往的文献主要关注企业的销售收入、利润和管理能力，以及消费者认知、态度和购买行为的变化。尽管一些研究已经解决了渠道之间的冲突和侵蚀效应问题，但它们在很大程度上没有解决企业的跨渠道行为和关系问题。从逻辑上讲，跨渠道整合可能会通过改变消费者的认知、态度和购买行为，以及通过改变渠道行为和关系来影响企业绩效。在多渠道或全渠道营销的背景下，企业的渠道行为和关系可以分为两种：一种是跨组织的行为和关系，如企业与合作伙伴之间的沟通、协作和互动；第二种是跨渠道行为和关系，如企业多个渠道之间的沟通、协作和互动。此前，Fürst 等人（2017）提出了多渠道差异化的概念，并根据每个渠道服务的不同客户和功能，将其分为渠道细分差异化和渠道任务差异化。渠道细分差异是指每个渠道提供的客户服务的差异程度；渠道任务差异是指每个渠道的功能差异程度。他们的研究发现，渠道细分差异化可以减少渠道之间的冲突，但也会抑制渠道之间的合作；渠道任务的差异化不仅减少了纵向冲突（即渠道中上下游企业之间的冲突），而且有助于促进不同渠道之间的合作。渠道差异实际上意味着跨渠道整合中的协作和互补。因此，企业跨渠道整合最直接的影响之一是每个渠道内的跨组织行为和关系以及跨渠道行为和关系。显然，多渠道或全渠道营销和管理的这一重要核心内容尚未得到人们的充分认可，也是未来跨渠道整合研究应该关注的课题。此外，渠道行为和关系如何调节跨渠道整合对企业绩效和消费者行为的影响也是一个有趣且值得研究的课题。

参考文献

Aaker DA, Mascarenhas B, 1984. The need for strategic flexibility [J]. Journal of business strategy, 5（2）: 74–82.

Abbott A, Banerji K, 2003. Strategic flexibility and firm performance: the case of US based transnational corporations [J]. Global Journal of Flexible Systems Management, 4（1/2）: 71–88.

Abrahamsen M H, Hkansson H, 2015. Resource heterogeneity and its effects on interaction and integration in customer–supplier relationships [J]. Imp Journal, 9（1）: 5–25.

Abrudan I N, Dabija D C, Grant D B, 2020. Omni–Channel Retailing Strategy and Research Agenda [J]. Perspectives on Consumer Behaviour: Theoretical Aspects and Practical Applications, 12（3）: 184–196.

Achrol R S, Stern L W, 1988. Environmental determinants of decisionmaking uncertainty in marketing channels [J]. Journal of Marketing Research, 25（1）: 36–50.

Ambrosini V, Bowman C, 2009. What are dynamic capabilities and are they a useful construct in strategic management? [J]. International journal of management reviews, 11 (1): 29-49.

Angel, Martínez-Sánchez M, et al, 2009. Inter-organizational Cooperation and Environmental Change: Moderating Effects between Flexibility and Innovation Performance [J]. British Journal of Management, 21 (2): 87-99.

Ansoff H I, 1965. Corporate strategy: An analytic approach to business policy for growth and expansion [M]. McGraw-Hill Companies, 67-68.

Arnold V, Benford T, Canada J, et al, 2011. The role of strategic enterprise risk management and organizational flexibility in easing new regulatory compliance [J]. International Journal of Accounting Information Systems, 12 (3): 0-188.

Atkinson A B, Barker P. Living as equals [M]. Oxford University Press, 1998.

Avery J, Steenburgh T J, Deighton J, et al, 2012. Adding bricks to clicks: Predicting the patterns of cross-channel elasticities over time [J]. Journal of Marketing, 76 (3): 96-111.

Ayşe Cingöz, A, 2013. Asuman Akdoğan. Strategic Flexibility, Environmental Dynamism, and Innovation Performance: An Empirical Study [J]. Procedia-Social and Behavioral Sciences, (99): 582-589.

Bag S, Gupta S, Luo Z. Examining the Role of Logistics 4. 0 Enabled Dynamic Capabilities on Firm Performance [J]. The International Journal of Logistics Management, 2020, 32 (2): 696-714.

Bagge D, 2006. Multi-channel retailing: the route to customer focus [J]. European Retail Digest, 53-57.

Bahrami H, 1992. The emerging flexible organization: Perspectives from Silicon Valley [J]. California management review, 34 (4): 33-52.

Barney J, 1991. Firm resources and sustained competitive advantage [J]. Journal of management, 17 (1): 99-120.

Batra R, Keller K L, 2016. Integrating marketing communications: New findings, new lessons, and new ideas [J]. Journal of marketing, 80 (6): 122-145.

Beard F, 1997. IMC use and client-ad agency relationships [J]. Journal of Marketing Communications, (4).

Belenzon S, Chatterji A K, Daley B, 2017. Eponymous entrepreneurs. American Economic Review, 107 (6): 1638-1655.

Bendoly E, Blocher J D, Bretthauer K M, et al, 2005. Online/in-store integration and customer retention [J]. Journal of Service Research, 7 (4): 313-327.

Benjaafar S, Ramakrishnan R, 1996. Modelling, measurement and evaluation of sequencing flexibility in manufacturing systems [J]. International journal of production research, 34 (5): 1195-1220.

Beraha A, Bingol D, Ozkan-Canbolat E, et al, 2018. The effect of strategic flexibility configurations on product innovation [J]. European Journal of Management and Business Economics, 27 (2): 129-140.

Berman B, Thelen S, 2004. A guide to developing and managing a well - integrated multi - channel retail strategy [J]. International Journal of Retail

& Distribution Management, 32（3）: 147-156.

Bertrandie L, Zielke S, 2017. The effects of multi-channel assortment integration on customer confusion［J］. International Review of Retail Distribution & Consumer Research, 27（5）: 437-449.

Bharadwaj A S, 2000. A resource-based perspective on information technology capability and firm performance: An empirical investigation［J］. Management Information Systems Quarterly, 24（1）: 169-196.

Bock A J, Opsahl T, George G, et al, 2012. The Effects of Culture and Structure on Strategic Flexibility During Business Model Innovation［J］. Social Science Electronic Publishing, 49（2）: 279-305.

Bolwijn P T, Kumpe T, 1990. Manufacturing in the 1990s—Productivity, flexibility and innovation［J］. Long Range Planning, 23（4）: 44-57.

Brettel M, Heinemann F, Engelen A, et al, 2011. Cross - Functional Integration of R&D, Marketing, and Manufacturing in Radical and Incremental Product Innovations and Its Effects on Project Effectiveness and Efficiency［J］. Journal of Product Innovation Management, 28（2）: 251-269.

Brown J, 1997. Impossible dream or inevitable revolution? Investigating the concept of integrated marketing communications［J］. Journal of Communication Management, 2（1）: 70-81.

Brown N, Deegan C, 1998. The public disclosure of environmental performance information—A dual test of media agenda setting theory and legitimacy theory［J］. Accounting and Business Research, 29（1）: 21-41.

Browne J, Devlin J, Rolstadas A, et al, 1997. Performance measurement:

the ENAPS approach[J]. International Journal of Business Transformation, (1): 73–84.

Byoun S, 2011. Financial flexibility and capital structure decision [J]. Social Science Electronic Publishing, 35 (9): 60–77.

Cai G G, 2010. Channel selection and coordination in dual–channel supply chains [J]. Journal of Retailing, 86 (1): 22–36.

Camisón, César, Villar López, et al, 2013. An examination of the relationship between manufacturing flexibility and firm performance: The mediating role of innovation [J]. International Journal of Operations & Production Management, 30 (8): 853–878.

Cao L, Li L, 2015. The impact of cross–channel integration on retailers' sales growth [J]. Journal of retailing, 91 (2): 198–216.

Carter S, 2006. The Multichannel Revolution: How Retailers Are Leveraging Service–Oriented Architecture (SOA) To Transform Their Businesses [J]. Customer Interaction Solutions, 25 (3): 36–53.

Cauwenbergh A V, Cool K, 1982. Strategic Management in a New Framework [J]. Strategic Management Journal, 3 (3): 245–264.

Celuch K, Murphy G B, Callaway S K, 2007. More bang for your buck: Small firms and the importance of aligned information technology capabilities and strategic flexibility [J]. Journal of High Technology Management Research, 17 (2): 187–197.

Chan C M L, Pan S L, 2005. Interwining offline and online channels in multi–channel pbulic service delivery: a case study [J]. Academy of Management Annual Meeting Proceedings, (1): 1–6.

Chaudhuri A, Holbrook M B, 2001. The chain of effects from brand trust and brand affect to brand performance: The role of brand loyalty [J]. Journal of Marketing, 65（2）: 81-93.

Chen Y, Ganesan S, Liu Y, 2009. Does a firm's product-recall strategy affect its financial value? An examination of strategic alternatives during product-harm crises [J]. Journal of Marketing, 73（6）: 214-226.

Chien S Y, Tsai C H, 2012. Dynamic capability, knowledge, learning, and firm performance[J]. Journal of Organizational Change Management, 25（3）: 434-444.

Chien-Jung, Huang, Kai-Ping, et al, 2012. The logistics capabilities scale for logistics service providers [J]. Journal of Information & Optimization Sciences, （3）: 101-113.

Child J, 1972. Organizational structure, environment and performance: the role of strategic choice [J]. Sociology, 6（1）: 1-22.

Chiu H C, Hsieh Y C, Roan J, et al, 2011. The challenge for multichannel services: Cross-channel free-riding behavior [J]. Electronic Commerce Research and Applications, 10（2）: 268-277.

Chiua W, Chib H, Chang Y, et al, 2016. Dynamic capabilities and radical innovation performance in established firms: A structural model [J]. Technology Analysis & Strategic Management, 28（8）: 965-978.

Cho J J K, Ozment J, Sink H, 2008. Logistics Capability, Logistics Outsourcing and Firm Performance in an E-commerce Market [J]. International Journal of Physical Distribution & Logistics Management, 38（5）: 336-359.

Choi T Y, Krause D R, 2006. The supply base and its complexity: Implications for transaction costs, risks, responsiveness, and innovation [J]. Journal of Operations Management, 24（5）: 637–652.

Christine S, Koberg, et al, 2003. An empirical test of environmental, organizational, and process factors affecting incremental and radical innovation [J]. The Journal of High Technology Management Research, 14（1）: 21–45.

Cleeren K, Van Heerde H J, Dekimpe M G, 2013. Rising from the ashes: How brands and categories can overcome product–harm crises [J]. Journal of Marketing, 77（2）: 58–77.

Cotarelo M, H Calder ó n, Fayos T, 2021. A further approach in omnichannel LSQ, satisfaction and customer loyalty [J]. International Journal of Retail & Distribution Management, （19）: 19–37.

Cummins S, Peltier J W, Dixon A, 2016. Omni–channel research framework in the context of personal selling and sales management: A review and research extensions [J]. Journal of Research in Interactive Marketing, 10（1）: 2–16.

Dadzie K Q, Winston E, Hinson R, 2015. Competing with marketing channels and logistics in africa's booming markets: an investigation of emerging supply chain management practices in Ghana [J]. Journal of Marketing Channels, 22（2）: 137–152.

Dang D D, Ha D L, Tran V B, et al, 2021. Factors Affecting Logistics Capabilities for Logistics Service Providers: A Case Study in Vietnam [J]. The Journal of Asian Finance, Economics and Business, 8（5）: 81–89.

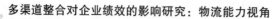

David W, Wallace E, 2009. Multichannels strategy implementation: the role of channel alignment capabilities [J]. Decision Sciences, 40 (4): 869–900.

Dawar N, Pillutla M M, 2000. Impact of product-harm crises on brand equity: The moderating role of consumer expectations [J]. Journal of Marketing Research, 37 (2): 215–226.

Day G S, 1994. The Capabilities of Market-Driven Organizations [J]. Journal of Marketing, 58 (4): 37–52.

Deangelo H, Deangelo L, 2007. Payout policy pedagogy: What matters and why [J]. European Financial Management, 13 (1): 11–27.

Dholakia R R, Zhao M, Dholakia N, 2005. Multichannel retailing: A case study of early experiences [J]. Journal of interactive marketing, 19 (2): 63–74.

DiMaggio P J, Powel W W, 1983. The iron cage revisited: Institutional isomorphism and collective rationality in organizational fields [J]. American Sociological Review, 48 (2): 147–160.

Dubey R, Gunasekaran A, Childe S J, et al, 2019. Empirical investigation of data analytics capability and organizational flexibility as complements to supply chain resilience [J]. International Journal of Production Research, (3): 118–132.

Duncan T, 2002. IMC: Using Advertising and Promotion to Build Brands (International Edition) [M]. New York: The McGraw-Hill Companies, Inc.

Duncan T, Kaywood C, 1993. The concept, process, and evolution of integrated marketing communications [J]. Journal of Advertising Research, 33（3）: 30–39.

Eagle L, Kitchen P, Hyde K, et al, 1999. Perceptions of integrated marketing communications among marketers & ad agency executives in New Zealand [J]. International Journal of Advertising, 18（1）: 89–119.

Eilert M, Jayachandran S, Kalaignanam K, et al, 2017. Does it pay to recall your product early? An empirical investigation in the automobile industry [J]. Journal of Marketing, 81（3）: 111–129.

Eisenhardt K M, Martin J A, 2000. Dynamic capabilities: what are they? [J]. Strategic management journal, 21（10 - 11）: 1105–1121.

Eri M, U Ozreti–Doen, Kare V, 2019. How can perceived consistency in marketing communications influence customer–brand relationship outcomes? [J]. European Management Journal, 38（2）: 28–38.

Evans JS, 1991. Strategic flexibility for high technology manoeuvres: a conceptual framework [J]. Journal of management studies, 28（1）: 69–89.

Fainshmidt S, Frazier M L, 2019. What facilitates dynamic capabilities? The role of organizational climate for trust [J]. Long Range Plan, 50（5）: 550–566.

Falk T, Schepers J, Hammerschmidt M, et al, 2007. Identifying cross–channel dissynergies for multichannel service providers [J]. Journal of Service Research, 10（2）: 143–160.

Fawcett S E, Stanley L L, Smith S R, 1997. Developing a logistics capability to improve the performance of international operations [J]. Journal of Business Logistics, 18（2）: 101–127.

Foroudi P, 2019. Influence of brand signature, brand awareness, brand attitude, brand reputation on hotel industry's brand performance [J]. International Journal of Hospitality Management, 76（part A）: 271–285.

Francesc Xavier Molina-Morales, María Teresa Martínez-Fernández, 2010. Social Networks: Effects of Social Capital on Firm Innovation [J]. Journal of Small Business Management, 48（2）: 258–279.

Gallino S, Moreno A, 2014. Integration of online and offline channels in retail: The impact of sharing reliable inventory availability information [J]. Management Science, 60（6）: 1434–1451.

Gallino S, Moreno A, Stamatopoulos I, 2014. Channel Integration, Sales Dispersion, and Inventory Management [J]. Social Science Electronic Publishing, 30（30）: 645–668.

Ganesh J, 2004. Managing customer preferences in a multi‐channel environment using Web services [J]. International Journal of Retail & Distribution Management, 32（3）: 140–146.

Ganesh M, Raghunathan S, Rajendran C, 2014. The value of information sharing in a multi–product, multi–level supply chain: Impact of product substitution, demand correlation, and partial information sharing [J]. Decision Support Systems, 58（FEB.）: 79–94.

Gligor D M, Holcomb M C, 2012. Understanding the role of logistics capabilities in achieving supply chain agility: a systematic literature review[J].

Supply Chain Management: An International Journal, （13）: 111–123.

Godfrey A, Seiders K, Voss G B, 2011. Enough is enough! The fine line in executing multichannel relational communication [J]. Journal of Marketing, 75（4）: 94–109.

Goersch D, 2002. Multi–channel integration and its implications for retail web sites abstract [C]. European Conference on Information Systems. DBLP.

Golden W, Powell P, 2000. Towards a definition of flexibility: in search of the Holy Grail? [J]. Omega, 28（4）: 373–384.

Graham J R, Harvey C R, 2009. The Theory and Practice of Corporate Finance: Evidence from the Field [J]. Nankai Business Review, 60（2–3）: 187–243.

Griffin J J, Mahon J F, 1997. The corporate social performance and corporate financial performance debate twenty–five years of incomparable research [J]. Business and Society, 36（1）: 5–31.

Gulati R, Garino J, 2000. Get the right mix of bricks & clicks [J]. Harvard business review, 78（3）: 107–107.

Gupta Y P, Goyal S, 1989. Flexibility of manufacturing systems: Concepts and measurements [J]. Journal of Europeans, 43（2）: 119–135.

Hamouda M, 2019. Omni–channel banking integration quality and perceived value as drivers of consumers'satisfaction and loyalty [J]. Journal of Enterprise Information Management, 16（6）: 89–109.

Harrigan K R, 1985. Vertical integration and corporate strategy [J]. Academy of Management journal, 28（2）: 397–425.

Harrison J S, Freeman R E, 1999. Stakeholders, Social Responsibility, and Performance：Empirical Evidence and Theoretical Perspectives［J］The Academy of Management Journal，42（5）：479-485.

Helfat C E，Peteraf M A，2003. The dynamic resource - based view：Capability lifecycles［J］. Strategic management journal，24（10）：997-1010.

Helfat C E，Peteraf M A，2015. Managerial cognitive capabilities and the microfoundations of dynamic capabilities［J］. Strategic Management Journal，36（6）：831-850.

Helfat C E，Raubitschek R S，2018，Dynamic and integrative capabilities for profiting from innovation in digital platform-based ecosystems［J］. Research Policy，47（8）：1391-1399.

Hemphill D F，1996. Flexibility，Innovation，and Collaboration. A Regional View of Community-Based Organizations in Adult Education. ［J］. Adult Learning，7（6）：21-30.

Herhausen D，Binder J，Schoegel M，et al，2015. Integrating bricks with clicks：retailer-level and channel-level outcomes of online-offline channel integration［J］. Journal of retailing，91（2）：309-325.

Hitt M A，Ireland R D，Hoskisson R E，2016. Strategic management：Concepts and cases：Competitiveness and globalization［M］. Cengage Learning.

Hoffman D L，Novak T P，1996. Marketing in hypermedia computer-mediated environments：conceptual foundations［J］. Journal of Marketing，60（3）：50-68.

Hossain T，Akter S，Kattiyapornpong U，et al，2020. Reconceptualizing

Integration Quality Dynamics for Omnichannel Marketing [J]. Industrial Marketing Management, 87 (1): 121–132.

Hsieh Y C, Roan J, Pant A, et al, 2012. All for one but does one strategy work for all? Building consumer loyalty in multi - channel distribution [J]. Managing Service Quality: An International Journal, 22 (3): 310–335.

H ü bner A, Wollenburg J, Holzapfel A, 2016. Retail logistics in the transition from multi–channel to omni–channel [J]. International Journal of Physical Distribution & Logistics Management, 46 (6/7): 562–583.

Ilmudeen A, Bao Y, Alharbi I M, et al, 2021. Revisiting dynamic capability for organizations' innovation types: Does it matter for organizational performance in China?[J]. European Journal of Innovation Management, 24(2): 507–532.

Jiang K, Xu L, Bao X, 2015. The impact of channel integration on channel reciprocity in the multi–channel retailing context [C] //2015 IEEE International Conference on Industrial Engineering and Engineering Management (IEEM). IEEE: 1840–1844.

Jones A L, Miller J W, Griffis S E, et al, 2021. Stanley E. Griffis and Judith M. WhippleAn examination of the effects of omni–channel service offerings on retailer performance [J]. International Journal of Physical Distribution & Logistics Management, 52 (2): 150–169.

Jonsson S, Greve H R, Fujiwara–Greve T, 2009. Undeserved loss: The spread of legitimacy loss to innocent organizations in response to reported corporate deviance [J]. Administrative Science Quarterly, 54 (2): 195–228.

Kanter R M, 1983. The Change Masters: Innovations for Productivity in the American Corporation [J]. Academy of Management Review, 22 (10): 112–123.

Karri R V N, 2001. Strategic flexibility and firm performance [D]. Washington: Washington State University.

Kim G, Shin B, Kim K K, et al, 2011. IT capabilities, process–oriented dynamic capabilities, and firm financial performance [J]. Journal of the Association for Information Systems, 12 (7): 487–517.

Kim Y, Choi T Y, Yan T, et al, 2011. Structural investigation of supply networks: A social network analysis approach [J]. Journal of Operations Management, 29 (3): 194–211.

Kliatchko J, 2005. Towards a new definition of integrated marketing communications (IMC) [J]. International Journal of Advertising, 24 (1): 7–34.

Kolbe D, Haydeé Calderón, Frasquet M, 2021. Multichannel integration through innovation capability in manufacturing SMEs and its impact on performance [J]. Journal of Business & Industrial Marketing, 8 (2): 12–21.

Krishna V M, Prakash G, Manikandan M, 2015. Congregating or Swerving?–Developmental Trends and Changing role of Indian Organizational Flexibility along Globalization Process [J]. Procedia–Social and Behavioral Sciences, 189: 64–80.

Kumar V, Venkatesan R, 2005. Who are the multichannel shoppers and how do they perform?: Correlates of multichannel shopping behavior [J]. Journal of Interactive marketing, 19（2）：44–62.

Lam A, 2011. Innovative organisations: Structure, learning, and adaptation［C］. DIME final conference, 6：8.

Lee H H, Kim J, 2010. Investigating dimensionality of multichannel retailer's cross–channel integration practices and effectiveness: shopping orientation and loyalty intention［J］. Journal of Marketing Channels, 17（4）：281–312.

Lee H H, Kim J, 2010. Investigating dimensionality of multichannel retailer's cross–channel system［J］. International Journal of Electronic Commerce, 14（3）：35–62.

Lee H L, Padmanabhan V, Whang S, 2015. The Bullwhip Effect in Supply Chains［J］. IEEE Engineering Management Review, 43（2）：108–117.

Lee H, Kim J, 2008. The effects of shopping orientations on consumers' satisfaction with product search and purchases in a multi - channel environment［J］. Journal of Fashion Marketing & Management, 12（2）：193–216.

Lee Z W Y, Chan T K H, Chong A Y L, et al, 2019. Customer engagement through omnichannel retailing: The effects of channel integration quality［J］. Industrial Marketing Management, 77：90–101.

Leeuw A C, Volberda H W, 1996. On the concept of flexibility: A dual control perspective［J］. Omega, 24（2）：121–139.

Leong G K, Snyder D L, Ward P T, 1990. Research in the process and content of manufacturing strategy［J］. Omega, 18（2）：109–122.

Lin Y, Wu L Y, 2014. Exploring the role of dynamic capabilities in firm performance under the resource–based view framework［J］. Journal of Business Research, 67（3）：407–413.

Liu Y, Shankar V, 2015. The dynamic impact of product-harm crises on brand preference and advertising effectiveness: An empirical analysis of the automobile industry [J]. Management Science, 61 (10): 2514-2535.

Li-Wei Wu, Yun-Chia Tang, Chung-Yu Wang, 2021. Managing Multichannel Integration, Designing Perceived Affordances, and Developing Customer Relationship in the Online and Offline Retailing [J]. NTU Management Review. 31 (3): 161-202.

Macdonald E, Wilson H N, Konus U, 2012. Better customer insight-in real time [M]. Harvard Business School Publishing.

Mahmoodzadeh S M, Sedaghat M, 2013. The relationship between knowledge management and organizational performance in the hotel industry [J]. Journal of Tourism Management Studies, 24 (8): 89-119.

Mainardes E W, Rosa C A M, Nossa S N, 2020. Omnichannel strategy and customer loyalty in banking[J]. International Journal of Bank Marketing, 38(4): 799-822.

Mandelbaum M, 1978. Flexibility in decision theory: An exploration and unification [D]. Doronto: University of Toronto.

Mapes J, New C, Szwejczewski M, 1997. Performance trade - offs in manufacturing plants [J]. International Journal of Operations&Production Management, 17 (10): 1020-1033.

Mbengue A, Ouakouak M I, 2011. Strategic Planning Flexibility and Firm Performance: The Moderating Role of Environmental Dynamism [C]. 20e Conférence Internationale de Management Stratégique, Nantes, France(13): 82-92.

McGoldrick P J, Collins N, 2007. Multichannel retailing: profiling the multichannel shopper [J] . International Review of Retail, Distribution and Consumer Research, 17（2）: 139–158.

McGuire J B, Sundgren A, Schneeweis T, 1998. Corporate social responsibility and firm financial performance [J] . Academy of Management Journal, 31（4）: 854–872.

Meskendahl S, 2010. The influence of business strategy on project portfolio management and its success—A conceptual framework [J] . International Journal of Project Management, 28（8）: 807–817.

Miller D A, Rose P B, 1994. Integrated communications: A look at reality instead of the [J] . Public Relations Quarterly, 39（1）: 13.

Milliman J, Glinow M A V, Nathan M, 1991. Organizational life cycles and strategic international human resource management in multinational companies: implications for congruence theory [J] . Academy of Management Review, 16（2）: 318–339.

Miloš Arsi'c, Zoran Jovanovi'c, Radoljub Tomi'c, et al, 2020. Impact of Logistics Capacity on Economic Sustainability of SMEs [J] . Sustainability, 12（5）: 1911.

Mohd Z N F B, Abdul W S, Al M A, 2017. Logistics Capability, Logistics Performance, And The Moderating Effect Of Firm Size: Empirical Evidence From East Coast Malaysia [J] . Journal of Developing Areas, 51（2）: 171–182.

Monteiro A P, Soares A M, RUA O L, 2017. Linking intangible resources and export performance: The role of entrepreneurial orientation and dynamic capabilities［J］. Baltic Journal of Management, 12（3）: 329-347.

Montoya-Weiss M M, Voss G B, Grewal D, 2003. Determinants of online channel use and overall satisfaction with a relational, multichannel service provider［J］. Journal of the academy of marketing Science, 31（4）: 448-458.

Nadkarni S, Narayanan VK, 2007. Strategic schemas, strategic flexibility, and firm performance: the moderating role of industry clock-speed［J］. Strategic Management Journal, 28（3）: 243-270.

Nandakumar M K, Jharkharia S, Nair A S, 2014. Organisational flexibility and competitiveness［J］. Springer India（9）: 6-18.

Neslin S A, Grewal D, Leghorn R, et al, 2006. Challenges and opportunities in multichannel customer management［J］. Journal of service research, 9（2）: 95-112.

Neslin S A, Shankar V, 2009. Key Issues in Multichannel Customer Management: Current Knowledge and Future Directions［J］. Journal of Interactive Marketing, 23（1）: 70-81.

Nowak G J, Phelps J, 1994. Conceptualizing the Integrated Marketing Communications' Phenomenon: An Examination of its Impact on Advertising Practices and its Implications for Advertising Research［J］. Journal of Current Issues & Research in Advertising, 16（1）: 49-66.

O'Cass A, Weerawardena J, 2010. The effects of perceived industry competitive intensity and marketing-related capabilities: Drivers of superior brand performance［J］. Industrial Marketing Management, 39（4）: 571-581.

Oh L B, Teo H H, 2010. Consumer value co-creation in a hybrid commerce service-delivery system [J]. International Journal of Electronic Commerce, 14 (3): 35-62.

Orlitzky M, Schmidt F L, Rynes S L, 2003. Corporate social and financial performance: A meta-analysis [J]. Organization Studies, 24 (3): 403-441.

Oyemomi O, Liu S, Neaga I, et al, 2019. How cultural impact on knowledge sharing contributes to organizational performance: Using the fsQCA approach [J]. Journal of Business Research, 94 (JAN.): 313-319.

P Zhang, Y He, X Zhao, 2019. "Preorder-online, pickup-in-store" strategy for a dual-channel retailer [J]. Transportation Research Part E: Logistics and Transportation Review, 122: 27-47.

Parmenter D, 2009. Measuring Performance In Difficult Times [J]. Finance&Management, 6-11.

Pauwels K, Neslin S A, 2015. Building with bricks and mortar: The revenue impact of opening physical stores in a multichannel environment [J]. Journal of retailing, 91 (2): 182-197.

Peltier J W, Schibrowsky J A, Schultz D E, 2003. Interactive integrated marketing communication: combining the power of IMC, the new media and database marketing [J]. International journal of advertising, 22 (1): 93-115.

Penrose, Edith, 1959. Theory of the growth of the firm [J]. Journal of the operational research society, 23 (2): 240-241.

Pentina I, Hasty R W, 2009. Effects of multichannel coordination and e-commerce outsourcing on online retail performance [J]. Journal of marketing channels, 16（4）：359–374.

Pentina I, Pelton L E, Hasty R W, 2009. Performance implications of online entry timing by store-based retailers: a longitudinal investigation [J]. Journal of Retailing, 85（2）：177–193.

Phillips F, Tuladhar S D, 2000. Measuring organizational flexibility: an exploration and general model [J]. Technological Forecasting and Social Change, 64（1）：23–38.

Piotrowicz W, Cuthbertson R, 2014. Introduction to the special issue information technology in retail: Toward omnichannel retailing [J]. International Journal of Electronic Commerce, 18（4）：5–16.

Porcu L, del Barrio-García S, Alcántara-Pilar J M, et al, 2019. Analyzing the influence of firm-wide integrated marketing communication on market performance in the hospitality industry [J]. International Journal of Hospitality Management, 80：13–24.

Prange C, Verdier S, 2011. Dynamic capabilities, internationalization processes and performance [J]. Journal of World Business, 46（1）：126–133.

Pujawan, Nyoman I, 2004. Assessing supply chain flexibility: a conceptual framework and case study [J]. International Journal of Integrated Supply Management, 1（1）：79–97.

Qian Y, Anderson E T, Simester D, 2013. Multichannel Spillovers from a Factory Store [J]. Social Science Electronic Publishing, 48（2）：150–164.

Rajagopal S, Krishnamoorthy B, Khanapuri V B, 2018. Competitive logistics capability for sustainable organisational performance: a study of the textile industry in India [J]. Int. J. Logistics Economics and Globalisation, 7 (2): 105-124.

Rialti R, Zollo L, Ferraris A, et al, 2019. Big data analytics capabilities and performance: Evidence from a moderated multi-mediation model [J]. Technological Forecasting and Social Change, 149: 119-781.

Ringov D, 2017. Dynamic capabilities and firm performance [J]. Long Range Planning, 50 (5): 653-664.

Robey D, Schwaig K S, Jin L, 2003. Intertwining material and virtual work [J]. Information and organization, 13 (2): 111-129.

Rolstadås A, 1998. Enterprise performance measurement [J]. International Journal of Operations&Production Management, 18 (9/10): 989-999.

Rothaermel F T, 2007. Hess A. M. Building dynamic capabilities: Innovation driven by individual-, firm-, and network-level effects [J]. Organization Science, 18 (6): 898-921.

Saeed Muhammad Aamir, Jiao Yuanyuan, Zahid Muhammad Mohsin, et al, 2020. Organizational Flexibility and Project Portfolio Performance: the roles of Innovation, Absorptive Capacity, and Environmental Dynamism [J]. International Journal of Managing Projects in Business (2) 57-68.

Salvato C, Vassolo R, 2018. The sources of dynamism in dynamic capabilities [J]. Strategic Management Journal, 39 (6): 1728-1752.

Sanchez R, 1995. Strategic flexibility in product competition. Strategic Management Journal, 16 (S1): 135-159.

Sanchez R, 1997. Preparing for an uncertain future: Managing organizations for strategic flexibility [J] . International Studies of Management & Organization, 27（2）: 71–94.

Schilke O, HU S, Helfat C E, 2018. Quo vadis, dynamic capabilities? A content–analytic review of the current state of knowledge and recommendations for future research [J] . Academy of Management Annals, 12（1）: 390–439.

Schilling M A, Steensma H K, 2001. The use of modular organizational forms: An industry–level analysis[J]. The Academy of Management Journal, 44(6): 1149–1168.

Schramm–Klein H, Wagner G, Steinmann S, et al, 2011. Cross–channel integration–is it valued by customers? [J] . International Review of Retail Distribution & Consumer Research, 21（5）: 501–511.

Schultz D E, 1993. Integrated marketing communications: Maybe definition is in the point of view [J] . Marketing news, 27（2）: 17.

Schultz D E, 1998. Determining how brand communication works in the short and long terms [J] . international Journal of Advertising, 17（4）: 403–426.

Schultz D E, 1999. Integrated marketing communications and how it relates to traditional media advertising [J] . The advertising business: Operations, creativity, media planning, integrated communications, 325–338.

Schultz D E, 2003. Opinion piece: the next generation of integrated marketing communication [J] . Interactive Marketing, 4: 318–319.

Shimp T A, 2000. Advertising Promotion: Supplemental Aspects of Integrated

Marketing Communications, 5th ed [M]. Fort Worth, TX: The Dryden Press, Harcourt College Publishers.

Shultz D E, Tannenbaum S I, Lauterborn R F. Integrated marketing communications: Putting it Together and Making it Work [J]. Lincolnwood: NTC Business Books, 1992.

Slack N, 1983. Flexibility as a manufacturing objective [J]. International Journal of Operations and Production Management, 3 (3): 4–13.

Song P, Wang Q, Liu H, et al, 2020. The Value of Buy - Online - and - Pickup - in - Store in Omni - Channel: Evidence from Customer Usage Data [J]. Production and Operations Management, 29 (4): 78–87.

Sousa R, Voss C A, 2006. Service quality in multichannel services employing virtual channels [J]. Journal of service research, 8 (4): 356–371.

Srinivasan R, Swink M, 2017. An Investigation of Visibility and Flexibility as Complements to Supply Chain Analytics: An Organizational Information Processing Theory Perspective [J]. Production and Operations Management, 27 (10): 1849–1867.

Stank T P, Davis B R, Fugate B S, 2011. A strategic framework for supply chain oriented logistics [J]. Journal of Business Logistics, 26 (2): 38–48.

Steinfield C, Bouwman H, Adelaar T, 2002. The dynamics of click–and–mortar electronic commerce: Opportunities and management strategies [J]. International Journal of Electronic Commerce, 7 (1): 93–119.

SubbaNarasimha P N, 2001. Strategy in turbulent environments: The role of dynamic competence [J]. Managerial and Decision Economics, 22 (4–5):

201–212.

Suchman M C, 1995. Managing legitimacy: Strategic and institutional approaches. Academy of Management Review, 20（3）: 571–610.

Suddaby R, Coraiola E, Harvey C, et al, 2020. History and the micro-foundations of dynamic capabilities［J］. Strategic Management Journalc, 41（3）: 530–556.

Swafford P M, 2003. Theoretical development and empirical investigation of supply chain agility. ［D］. Georgia Institute of Technology.

Tagashira T, Minami C, 2019. The effect of cross-channel integration on cost efficiency［J］. Journal of Interactive Marketing, 47（1）: 68–83.

Takeuchi H, Nonaka I, 1986. The new new product development game［J］. Harvard Business Review, 64（1）: 137–146.

Tallott M, Hilliard R, 2016. Developing dynamic capabilities for learning and internationalization: A case study of diversification in an SME［J］. Baltic Journal of Management, 11（3）: 328–347.

Taymaz E, 1989. Types of flexibility in a single-machine production system［J］. The International Journal of Production Research, 27（11）: 1891–1899.

Teece D J, 2007. Explicating dynamic capabilities: the nature and microfoundations of（sustainable）enterprise performance［J］. Strategic management journal, 28（13）: 1319–1350.

Teece D J, 2018. Business models and dynamic capabilities［J］. Long range planning, 51（1）: 40–49.

Teece D J, 2018. Dynamic and integrative capabilities for profiting from innovation in digital platform-based ecosystems Reply［J］. Research

Policy, 47（8）: 1400-1402.

Teece D J, Linden G, 2017. Business models, value capture, and the digital enterprise［J］. Journal of Organization Design, 6（1）: 8.

Teece D J, Pisano G, 1994. The dynamic capabilities of the firm: An introduction［J］. Industrial and Corporate Change, 3: 537-556.

Teece D J, Pisano G, Shuen A, 1997. Dynamic capabilities and strategic management［J］. Strategic management journal, 18（7）: 509-533.

Teece D, Pisano G, 2003. The dynamic capabilities of firms［M］. Springer Berlin Heidelberg, 2003.

Tippins M J, Sohi R S, 2003. IT competency and firm performance: is organizational learning a missing link?［J］. Strategic Management Journal, 24（8）: 745-761.

Upton D M, 1994. The Management of manufacturing flexibility［J］. California Management Review, 36（2）: 72-89.

Utterback J M, Abernathy W J, 1975. A dynamic model of process and product innovation［J］. Omega, 3（6）: 639-56.

Van Birgelen M, de Jong A, de Ruyter K, 2006. Multi-channel Service Retailing: A Comprehensive Study on the Effects of Multi-channel Satisfaction ［J］. Journal of Retailing, 82（4）: 367-377.

Van Heerde H, Helsen K, Dekimpe M G, 2007. The impact of a product-harm crisis on marketing effectiveness［J］. Marketing Science, 26（2）: 230-245.

Vanheems R, 2009. Distribution multicanal: Pourquoi les clients mixtes doivent faire l'objet d'une attention particulière?［J］. Décisions marketing, 41-52.

Vanpoucke E, Vereecke A, Wetzels M, 2014. Developing supplier integration capabilities for sustainable competitive advantage: A dynamic capabilities approach [J]. Journal of Operations Management, 32 (7-8): 446-461.

Verhoef P C, Kannan P K, Inman J J, 2015. From multi-channel retailing to omni-channel retailing: introduction to the special issue on multi-channel retailing [J]. Journal of retailing, 91 (2): 174-181.

Verhoef P C, Neslin S A, Vroomen B, 2007. Multichannel customer management: Understanding the research-shopper phenomenon [J]. International journal of research in marketing, 24 (2): 129-148.

Villanueva J, Yoo S, Hanssens D M, 2008. The impact of marketing-induced versus word-of-mouth customer acquisition on customer equity growth [J]. Journal of marketing Research, 45 (1): 48-59.

Vokurka R J, Scott W O'Leary kgelly, 2000. A review of empirical research on manufacturing flexibility [J]. Journal of Operations Management (1): 145-169.

Volberda H W, 1996. Toward the Flexible Form: How to Remain Vital in Hypercompetitive Environments [J]. Organization Science, 7 (4): 359-374.

Volberda H W, 2005. Building the flexible firm: How to remain competitive [M]. Oxford: Oxford University Press.

Volberda H W, Cheah H. A New Perspective on Entrepreneurship: A Dialectic Process of Transformation within the Entrepreneurial Mode, Type of Flexibility and Organizational Form [M] //H. Klandt (Ed.). Research in

Entrepreneurship, Aldershot, UK: Avebury, 1993: 261-286.

Wagner G, Schramm-Klein H, Steinmann S, 2013. Effects of cross-channel synergies and complementarity in a multichannel e-commerce system-an investigation of the interrelation of e-commerce, m-commerce and IETV-commerce [J]. The international review of retail, distribution and consumer research, 23 (5): 571-581.

Warner K, Maximilian W, 2018. Building dynamic capabilities for digital transformation: An ongoing process of strategic renewal [J]. Long Range Planning, 52 (3): 326-349.

Weerawardena J, Mort G S, Salunke S, et al, 2015. The role of the market sub-system and the socio-technical sub-system in innovation and firm performance: a dynamic capabilities approach [J]. Journal of the Academy of Marketing Science, 43 (2): 221-239.

Winter S G, 2003. Understanding dynamic capabilities [J]. Strategic Management Journal, 24 (10): 991-995.

Wohlgemuth V, Wenzel M, 2016. Dynamic capabilities and routinization [J]. Journal of Business Research, 69 (5): 1944-1948.

Wolfe J, Sauaia A C A, 2014. The Tobin Q as a company performance indicator [C] //Developments in Business Simulation and Experiential Learning: Proceedings of the Annual ABSEL conference (Vol. 30).

Wu I L, Wu S M, 2015. A strategy-based model for implementing channel integration in e-commerce: An empirical examination [J]. Internet Research, 25 (2): 239-261.

Wu S H, Lin L Y, Hsu M Y, 2007. Intellectual capital, dynamic capabilities and innovative performance of organisations〔J〕. International Journal of Technology Management, 39（3-4）: 279-296.

Xin X, Wu J, Huang L, et al, 2022. Effect of multi-channel integration on customer purchase intention〔J〕. Journal of Computer Information Systems, 62（5）: 1036-1047.

Xue J, Swan K S, 2020. An investigation of the complementary effects of technology, market, and design capabilities on exploratory and exploitative innovations: Evidence from micro and small - sized tech enterprises in China〔J〕. Creativity and Innovation Management（26）: 11-24.

Yan R, Wang J, Zhou B, 2010. Channel integration and profit sharing in the dynamics of multi-channel firms〔J〕. Journal of Retailing and Consumer Services, 17（5）: 430-440.

Yuan L, Zhongfeng S, Yi L, 2010. Can strategic flexibility help firms profit from product innovation?〔J〕. Technovation, 30（5-6）: 300-309.

Zahra S A, Sapienza H J, Davidsson P, 2006. Entrepreneurship and dynamic capabilities: A review, model and research agenda〔J〕. Journal of Management Studies, 43（4）: 917-955.

Zhang J, Farris P W, Irvin J W, et al, 2010. Crafting integrated multichannel retailing strategies〔J〕. Journal of interactive marketing, 24（2）: 168-180.

Zhou KZ, Wu F, 2010. Technological capability, Strategic flexibility, and product innovation〔J〕. Strategic Management Journal, 31（5）: 547-561.

Zhou S, Zhou A, Feng J, et al, 2019. Dynamic capabilities and organizational performance: The mediating role of innovation [J]. Journal of Management & Organization, 25 (5): 731–747.

Zimmerman M A, Zeitz G J, 2002. Beyond survival: Achieving new venture growth by building legitimacy [J]. Academy of Management Review, 27 (3): 414–431.

Zollo M, Winter S G, 2002. Deliberate Learning and the Evolution of Dynamic Capabilities [J]. Organization Science (3): 13–18.

Zomer T, Neely A, 2020. Martinez V. . Digital transforming capability and performance: A microfoundational perspective [J]. International Journal of Operations & Production Management, 40 (7–8): 1095–1128.

北京三木广告公司. 整合营销传播 [M]. 工商出版社, 1997.

蔡莉, 尹苗苗, 柳青, 2009. 创业网络对新创企业动态能力的影响研究: 组织学习的中介作用 [C]. 第四届 (2009) 中国管理学年会——创业与中小企业管理分会场论文集, 332–341.

曾萍, 宋铁波, 2013. 环境变动、企业战略反应与动态能力的形成演化: 理论模型与命题 [J]. 华南理工大学学报 (社会科学版), 15 (3): 23–28.

常明哲, 2019. 多渠道整合对跨渠道顾客保留的影响机制研究 [D]. 沈阳: 辽宁大学.

常明哲, 李爱华, 2020. 多渠道整合对跨渠道保留行为的影响 [J]. 中国流通经济, 34 (6): 41–50.

陈刚, 2004. 整合营销传播在中国市场 [J]. 中国广告 (10): 18–19.

陈坤, 杨斌, 2016. 人力资源柔性构念开发与测量的理论推进 [J]. 管理学报, 13 (5): 689–696.

陈莹，2021．经济高质量发展背景下我国区域物流能力评价与提升对策——以山东省为例［J］．商业经济研究（15）：113–116．

陈卓勇，吴晓波，2006．新兴市场中的中小企业的动态能力研究［J］．科学学研究（2）：261–267．

程鹏，毕新华，2006．组织柔性的影响因素分析及实证．工业技术经济（7）：67–69．

初广志，2010．整合营销传播的本土化研究——中国企业营销传播管理者的视角［J］．现代传播（中国传媒大学学报），173（12）：84–91．

初广志，2010．整合营销传播在中国的研究与实践［J］．国际新闻界（3）：108–112．

初广志，2010．中国文化的跨文化传播——整合营销传播的视角［J］．现代传播（中国传媒大学学报），165（4）：101–106．

崔兴文，史亚莉，2021．跨渠道整合对实体零售商经济绩效的影响［J］．软科学，35（8）：139–144．

邓琪，庄贵军，李思涵，2022．如何利用多渠道营销提升企业绩效？——基于 NCA 和 fsQCA 结果的分析［J］．工程管理科技前沿，41（6）：57–64．

董俊武，黄江圳，陈震红，2004．基于知识的动态能力演化模型研究［J］．中国工业经济（2）：77–85．

杜国清，陈怡，2011．整合营销传播在当今市场环境下的特征与趋势［J］．现代传播（中国传媒大学学报），178（5）：100–103，115．

杜俊义，冯罡，2020．技术创新动态能力理论研究综述［J］．科技管理研究，40（6）：1–6．

菲利普·科特勒，凯文·莱恩·凯勒，卢泰宏，2009．营销管理（第13

版. 中国版）[M]. 北京：中国人民大学出版社，425.

费小燕，2010. 层次分析法在电子商务企业绩效评价中的应用[J]. 企业经济（9）：90-92.

高伟，刘益，李雪，2019. 全渠道购物体验与品牌忠诚、品牌资产关系研究——全渠道一致性与无缝性的调节作用[J]. 工业工程与管理，24（4）：174-180.

高志军，2019. 组织间信任对第三方物流整合及企业绩效的作用机理——环境不确定性的调节作用[J]. 中国流通经济，33（10）：22-32.

葛宝山，谭凌峰，生帆，等，2016. 创新文化、双元学习与动态能力关系研究[J]. 科学学研究，34（4）：630-640.

葛京敏，2022. 财务管理在企业绩效评价中的意义与实践[J]. 经济技术协作信息（29）：0219-0221.

龚一萍，2011. 企业动态能力的度量及评价指标体系[J]. 华东经济管理，25（9）：150-154.

勾丽，丁军，2020. 资源拼凑对企业绩效的影响——环境竞争性和组织柔性的调节作用[J]. 科技创业月刊，33（5）：79-84.

桂世河，汤梅，2019. 整合营销传播目标的演进与发展趋势[J]. 管理现代化，39（1）：78-81.

郭兵，罗守贵，宋燕飞，2015. 所有制性质对新兴产业技术创新效率的影响[J]. 同济大学学报（自然科学版），43（12）：1923-1928.

郭伟刚，2006. 基于动态能力理论的企业知识创新研究[J]. 中国流通经济（8）：37-40.

和健，2020. 零售商多渠道驱动力、跨渠道整合与双元能力[J]. 商业经济研究（3）：79-82.

贺小刚，2006．企业家能力与企业成长：一个能力理论的拓展模型［J］．科技进步与对策（9）：45-48．

侯媛媛，金琰，2021．海南省生鲜农产品电商物流能力评价［J］．江苏农业科学，49（13）：19-24

胡谦锋，2023．面向教学科研支持的高校图书馆知识类短视频推广策略研究——以整合营销理论为视域［J］．图书馆工作与研究，323（1）：69-75．

胡延宾，2014．构建企业经营绩效管理体系的意义与思路［J］．现代经济信息（22）：1．

胡玉洲，2014．物流能力、竞争优势与企业绩效［J］．中国流通经济，28（2）：69-75．

黄娟，黄益建，王擎，2007．规模效应和价值效应的再检验——来自中国沪市的经验证据．经济与管理研究（10）：83-88．

黄鹂，何西军，2012．整合营销传播：原理与实物［M］．上海：复旦大学出版社．

黄迎新，2010．理论建构与理论批评的互动——美国整合营销传播理论研究二十年综述［J］．中国地质大学学报（社会科学版），10（2）：76-81．

贾佳，2011．第三方物流企业绩效评价指标体系研究［J］．商品与质量（S7）：30-31．

江积海，宣国良，2005．企业知识传导与动态能力研究［J］．情报科学（4）：481-484．

姜华，2006．整合营销传播与出版社营销创新［J］．编辑之友（2）：25-27，2．

姜盼，闫秀霞，姜浩，2019. 新零售体系下物流能力评价研究——基于改进的 TOPSIS 法［J］. 商业经济研究（19）：96-99.

姜铸，张永超，刘妍，2014. 制造企业组织柔性与企业绩效关系研究——以服务化程度为中介变量［J］. 科技进步与对策，31（14）：80-84.

蒋侃，徐柳艳，2016. 全渠道整合对渠道互惠的作用机制分析［J］. 企业经济（9）：43-48.

蒋峦，李忠顺，谢卫红，等，2015. 组织柔性与环境动态性下时间节奏对创新绩效的影响［J］. 管理学报，12（9）：13-37.

蒋峦，谢卫红，蓝海林，2005. 组织柔性结构的演进及其演进的理论诠释. 中国软科学（3）：89-93.

蒋明，成桂芳，彭勃，2011. 第三方物流企业绩效评价体系研究［J］. 北方经济（8）：52-54.

焦豪，魏江，崔瑜，2008. 企业动态能力构建路径分析：基于创业导向和组织学习的视角［J］. 管理世界（4）：91-106.

焦豪，杨季枫，应瑛，2021. 动态能力研究述评及开展中国情境化研究的建议［J］. 管理世界，37（5）：191-210，14，22-24.

乐国林，王菲，毛淑珍，等，2020. 基于内向开放式创新调节的组织柔性与领先企业持续成长能力研究［J］. 科技进步与对策，37（11）：89-98.

李彬，王凤彬，秦宇，2013. 动态能力如何影响组织操作常规？——项双案例比较研究［J］. 管理世界（8）：136-153，188.

李东红，乌日汗，陈东，2020. "竞合"如何影响创新绩效：中国制造业企业选择本土竞合与境外竞合的追踪研究［J］. 管理世界，36（2）：161-181.

李启庚，张华，2016. 电子商务物流能力对顾客忠诚的影响［J］. 企业经济（3）：88-92.

李爽. 2017. 专利制度是否提高了中国工业企业的技术创新积极性——基于专利保护强度和地区经济发展水平的"门槛效应". 财贸研究，28（4）：13-24.

李晓英，2015. 大数据时代互动式整合传播营销体系的建构［J］. 当代传播，183（4）：80-82.

李兴旺，2006. 动态能力理论的操作化研究：识别，架构与形成机制［M］. 北京：经济科学出版社.

李亚，郑广文，黄振辉，2016. 我国第三方物流服务能力对企业绩效的影响［J］. 山东大学学报（哲学社会科学版）（1）：98-109.

李宜龙，2016. 零售商多渠道整合策略的研究［D］. 武汉：武汉纺织大学.

林萍，2012. 企业资源、动态能力对创新作用的实证研究［J］. 科研管理，33（10）：72-79.

林萍，谢弦，2012. 不确定环境下动态能力构成框架的理论研究——基于资源管理过程视角［J］. 重庆工商大学学报（社会科学版），29（2）：35-42.

刘华明，王勇，李后建，2016. 伙伴关系、物流能力与供应链整合关系研究［J］. 中国管理科学，24（12）：148-157.

刘建鑫，王可山，2018. 电商生鲜食品物流能力评价——以A电商企业肉类产品为例［J］. 中国流通经济，32（5）：22-31.

刘景东，党兴华，杨敏利，2013. 组织柔性，信息能力和创新方式——基于中国工业企业的实证分析［J］.科学学与科学技术管理，34（3）：
69-79.

刘璐，2018.基于资源基础理论与动态能力理论的城市竞争力分析——以
中原城市群为例［C］.共享与品质——2018中国城市规划年会论文集（16
区域规划与城市经济），1551-1561.

刘露，2020.全渠道O2O整合质量、渠道服务与使用经验对流畅性的影响
研究［J］.商业经济研究（6）：63-66.

刘青松，肖星，2015.败也业绩，成也业绩？——国企高管变更的实证研
究［J］.管理世界（3）：151-163.

龙思颖，2016.基于认知视角的企业动态能力及其绩效研究［D］.杭州：
浙江大学.

卢启程，梁琳琳，贾非，2018.战略学习如何影响组织创新——基于动态
能力的视角［J］.管理世界，34（9）：109-129.

卢泰宏，等.广告创意100［M］.广州出版社，1995.

卢泰宏，朱翊敏，1996.什么是IMC［J］.广告大观（11）：31-32.

罗珉，刘永俊，2009.企业动态能力的理论架构与构成要素［J］.中国工
业经济（1）：75-86.

罗明，2016.电影《后会无期》的整合营销传播研究［D］.昆明：云南
财经大学.

罗永泰，2002.知识型产品的整合营销模式创新［J］.科学学与科学技术
管理（12）：101-104.

罗永泰，吴树桐，2009.企业资源整合过程中动态能力形成的关键路径分
析［J］.北京工商大学学报（社会科学版），24（3）：23-30.

吕晶晶，王楠，2020.大数据能力、供应链柔性与零售企业绩效［J］.商

业经济研究（24）：103-106.

吕萍，李元旭，2021. 动态环境中组织柔性力塑造与发展能动性稳固［J］. 领导科学（18）：76-79.

马丽，赵蓓，2018. 战略柔性与企业绩效：创业导向和市场竞争强度的作用［J］. 当代财经（10）：80-89.

马庆栋，张建华，2005. 整合营销传播理论的 MIC 分析：内容归纳与分析框架［J］. 商场现代化（12）：56-57.

马士华，孟庆鑫，2005. 供应链物流能力的研究现状及发展趋势［J］. 计算机集成制造系统，11（3）：7-11.

聂规划，方澜，2002. 企业柔性及其度量研究［J］. 武汉理工大学学报（3）：78-80.

彭新敏，姚丽婷，2019. 机会窗口、动态能力与后发企业的技术追赶［J］. 科学学与科学技术管理，40（6）：68-82.

彭远慧，姬郁林，2008. 用动态能力理论剖析和培育医院持续竞争优势［J］. 现代预防医学（21）：4179-4180.

齐永智，2017. 消费需求驱动的多渠道零售对顾客忠诚影响研究［D］. 北京：首都经济贸易大学.

齐永智，张梦霞，2015. 零售企业多渠道整合服务质量能提高顾客忠诚吗？［J］. 经济问题，428（4）：71-77.

祁雨秋，雷艺琳，蒋铭为，2020. 基于 DEA-Malmquist 的上市快递企业研发绩效研究［J］. 物流工程与管理，42（2）：57-59.

权锡鉴，宋扬，2007. 知识转化为企业能力的机制与方式探讨［J］. 特区经济（4）：284-286.

任成尚，2018. 全渠道整合对消费者满意度的影响研究：基于消费者感知赋权的视角［J］．上海管理科学（1）：29-33.

沙振权，梁韵莹，2015．多渠道整合质量在顾客跨渠道保留中的作用研究［J］．商业经济研究（29）：54-56.

申光龙，1998．论整合营销传播［J］．国际经贸研究，7（3）：58-62.

申光龙，柳映珍，何克敏，2006．整合营销传播战略评估指标体系研究［J］．管理科学（1）：42-49.

申光龙，曲飞宇，2004．整合营销传播理论在公共卫生危机中的应用研究——以 SARS 危机为例［J］．外国经济与管理（3）：33-38.

申光龙，袁斌，2003．整合营销传播在供应链上的应用模式［J］．中国工业经济（9）：88-93.

苏敬勤，刘静，2013．复杂产品系统中动态能力与创新绩效关系研究［J］．科研管理，34（10）：75-83.

孙慧，宋夏云，楚金华，2021．线上线下双渠道建设对零售企业经营绩效的影响分析［J］．商业经济研究（22）：117-120.

孙连才，王宗军，2011．基于动态能力理论的商业生态系统下企业商业模式指标评价体系［J］．管理世界（5）：184-185.

孙浦阳，张龑，黄玖立，2015．出口行为、边际成本与销售波动——基于中国工业企业数据的研究．金融研究（9）：159-173.

孙永磊，党兴华，宋晶，2014．基于网络惯例的双元能力对合作创新绩效的影响［J］．管理科学，27（2）：38-47.

汤定娜，廖文虎，许冬，2018．多渠道整合质量对消费者线上购买意愿的影响研究［J］．价格理论与实践（1）：154-157.

唐孝文，刘敦虎，肖进，2015．动态能力视角下的战略转型过程机理研究［J］．科研管理，36（1）：90-96.

田刚，张义，张蒙，2018. 生鲜农产品电子商务模式创新对企业绩效的影响——兼论环境动态性与线上线下融合性的联合调节效应［J］. 农业技术经济（8）：135-144.

万伦来，达庆利，2003. 企业柔性的本质及其构建策略［J］. 管理科学学报（2）：89-94.

王阿娜，2012. 基于最大熵原理的第三方物流企业绩效评价分析［J］. 社会科学辑刊（1）：4.

王刚刚，谢富纪，贾友，2017. R&D补贴政策激励机制的重新审视——基于外部融资激励机制的考察［J］. 中国工业经济（2）：60-78.

王举颖，2022. 零售企业跨渠道整合对销售绩效的影响研究［J］. 山东大学学报（哲学社会科学版）（3）：140-151.

王军，江若尘，曹光明，2017. 组织即兴对竞争优势的影响：环境不确定性和组织柔性的调节作用［J］. 经济与管理研究，38（3）：92-100.

王兰，李培敬，高博，2006. 动态环境下的组织柔性化战略［J］. 科技创业月刊（8）：75-76.

王铁男，陈涛，贾榕霞，2010. 组织学习、战略柔性对企业绩效影响的实证研究［J］. 管理科学学报，13（7）：42-59.

王宛秋，马红君，2020. 技术邻近性、研发投入与技术并购创新绩效——基于企业生命周期的视角［J］. 管理评论，31（12）：41-50.

王晓萍，2021. 组织忘却对企业产品创新绩效的影响机制研究［D］. 杭州：浙江工商大学.

王迎军，王永贵，2000. 动态环境下营造竞争优势的关键维度——基于资源的"战略柔性"透视［J］. 外国经济与管理（8）：23-25.

卫军英，2006. 整合营销传播中的观念变革［J］. 浙江大学学报（人文社会科学版）（1）：150–157.

魏江，焦豪，2008. 创业导向、组织学习与动态能力关系研究［J］. 外国经济与管理（2）：36–41.

吴锦峰，常亚平，侯德林，2016. 多渠道整合对零售商权益的影响：基于线上与线下的视角［J］. 南开管理评论，19（2）：170–181.

吴锦峰，常亚平，潘慧明，2014. 多渠道整合质量对线上购买意愿的作用机理研究［J］. 管理科学，27（1）：86–98.

吴万益，钟振辉，江正信，1999. 企业文化，组织运作，制造策略与经营绩效之关系研究［J］. 管理评论（台湾），2（1）：13–34.

伍士林，1999. 浅议整合营销在我国企业中的开展［J］. 中国流通经济（2）：35–37.

夏立新，张纯，陈健瑶，等，2019. 企业微博内容对网络口碑及品牌认可度的影响. 情报科学，37（4）：79–85.

项国鹏，张旭，徐立宏，2012. 环境动态性对战略柔性与企业绩效关系的调节效应——基于浙江民营企业的实证研究［J］. 浙江工商大学学报，1（1）：52–58.

肖炜华，2020. 物流能力影响消费者渠道选择的实证测度［J］. 商业经济研究（12）：111–114.

肖飚，卢晓，芮明杰，2019. 企业遗产对持续竞争优势的影响研究：品牌资产的中介作用和动态能力的调节作用［J］. 南开管理评论，22（2）：155–164.

谢琨，庞凤娇，陈高敏等，2019. 我国钢铁企业绿色技术创新绩效评价研究［J］. 价格理论与实践（9）：4.

邢丽微，李卓键，2017. 组织忘记、组织柔性与原始性创新：组织学习和冗余资源的调节作用［J］．预测，36（4）：9-14.

熊胜绪，李婷，2019．组织柔性对企业创新绩效的影响［J］．中南财经政法大学学报，（2）：138-146.

薛晓芳，李雪，张敏翠，等，2017．跨境电商物流服务能力对顾客价值的影响研究［J］．商业经济研究（6）：79-81.

薛旭，1999．整合营销是营销观念的革命［J］．中外管理（2）：38-41.

杨华胜，2016．生产系统的柔性设计：供应链与生产车间［D］．北京：清华大学.

杨学英，2016．基于资源整合视角的项目总控团队能力提升路径研究［J］．工程经济，26（1）：19-22.

杨艳玲，田宇，2015．供应链管理实践、供应链敏捷性对企业绩效的影响研究［J］．商业经济与管理（9）：13-19，96.

杨扬，李莉诗，2019．国际陆港城市物流能力与社会经济发展协调评价——以昆明市为例［J］．北京交通大学学报（社会科学版），18（3）：129-137.

尹雪婷，2020．商业模式创新与企业绩效关系的实证研究［D］．长春：吉林大学.

于君英，周芸杰，2021．零售行业跨渠道整合——现状与展望［J］．市场周刊，34（3）：82-83，116.

于喜展，隋映辉，2009．基于平衡计分卡的技术创新绩效评价研究［J］．科技管理研究，199（9）：143-146.

张广玲，刘晨晨，王辉，等，2017．制度压力与跨渠道整合程度关系研究：企业能力的调节作用［J］．营销科学学报，13（2）：107-126.

张沛然，黄蕾，卢向华，等，2017．互联网环境下的多渠道管理研究——

一个综述［J］. 经济管理，39（1）：134-146.

张青，2001. 基于"发展"导向的企业绩效评价研究［J］. 中国管理科学，
　　V（2）：58-64.

张蕊，2002. 论企业经营业绩评价的理论依据［J］. 当代财经（4）：
　　68-73.

张蕊，2008. 房地产开发企业绩效评价指标体系研究［J］. 当代财经（8）：
　　112-115.

张晓军，席酉民，谢言，等，2010. 基于和谐管理理论的企业动态能力
　　研究［J］. 管理科学学报，13（4）：1-11.

张旭，袁旭梅，王亚娜，等，2020. 基于云 PDR 的区域物流能力评价研究
　　［J］. 北京交通大学学报（社会科学版），19（2）：108-117.

张振刚，谢孟鑫，林丹，2020. 基于 BP 神经网的我国制造业企业绩效评
　　价体系——以上市白色家电制造企业为例［J］. 科技管理研究，40（15）：
　　217-223.

赵绿明，2019. 零售商多渠道整合质量对顾客忠诚的影响［J］. 商业经济
　　研究（11）：73-77.

赵晓煜，高云飞，孙梦迪，2020. 制造企业组织柔性、动态服务创新能力
　　与服务创新绩效［J］. 科技进步与对策，37（15）：62-69.

赵晓煜，高云飞，孙梦迪，2020. 制造企业组织柔性、动态服务创新能力
　　与服务创新绩效［J］. 科技进步与对策，37（15）：62-69.

赵兴庐，徐骏辉，张建琦，2017. 动态能力影响企业绩效的路径建模研究——
　　不同动荡环境的对比分析［J］. 技术经济与管理研究，1（1）：3-7.

赵永楷，2015. 供应链物流能力对企业绩效的影响研究［J］. 物流技术，
　　34（10）：203-205，218.

赵忠伟，李睿，朱冰洁，2019. 组织柔性对中小型高科技企业成长影响研究［J］. 科研管理，40（7）：247–256.

郑美群，蔡莉，周明霞，2004. 高技术企业绩效评价指标体系的构建研究［J］. 科学学与科学技术管理，25（7）：5.

郑素丽，章威，吴晓波，2010. 基于知识的动态能力：理论与实证［J］. 科学学研究，28（3）：405–411，466.

周飞，冉茂刚，沙振权，2017. 多渠道整合对跨渠道顾客保留行为的影响机制研究［J］. 管理评论，29（3）：176–185.

周荣虎，2017. 基于知识共享与动态能力的供应链关系品质创新力研究［J］. 商业经济研究（2）：138–140.

周文辉，王鹏程，杨苗，2018. 数字化赋能促进大规模定制技术创新［J］. 科学学研究，36（8）：1516–1523.

周玉泉，李垣，2006. 合作学习、组织柔性与创新方式选择的关系研究［J］. 科研管理（2）：9–14.

朱红亮，李振国，2009. 整合营销传播及其管理要义［J］. 河北学刊，29（2）：208–211.

朱孔山，2009. 旅游整合营销内容范畴探讨［J］. 商业研究，383（3）：214–216.

朱翊敏，卢泰宏，1996. 如何成功地实施 IMC（上）［J］. 广告大观（12）：32.

庄贵军，邓琪，卢亭宇，2019. 跨渠道整合的研究述评：内涵，维度与理论框架［J］. 商业经济与管理（12）：30–41.

附　录

多渠道整合与企业绩效之间的关系调查

尊敬的先生 / 女士：

您好！感谢您百忙之中抽出时间填写我们的问卷，本次问卷调查的目的是研究多渠道整合对企业绩效的影响。您的回答对于我们的研究工作十分重要，对于您提供的资料我们将严格保密，仅用于本次学术研究。再次感谢您的帮助及宝贵意见。

1.贵企业名称：[填空题]

_____

2.贵企业地址：_____省_____市（县）[填空题]

_____

3.贵企业成立年限：[单选题]

（1）5年以内

（2）6～10年

（3）11～15年

（4）16～20年

（5）20年以上

4. 贵企业规模：[单选题]

（1）500人以下

（2）501～1000人

（3）1001～2000人

（4）2001～3000人

（5）3000人以上

5. 贵企业所有制性质：[单选题]

（1）国有及国有控股企业

（2）民营企业

（3）外商独资企业

（4）合资企业

（5）其他

6. 您在贵企业中的职务：[单选题]

（1）董事长/总经理

（2）副总经理

（3）部门经理

（4）基层管理者

（5）其他

自变量测量题项

7. 多渠道一致性 [矩阵量表题]

	非常 不同意	不同意	一般	同意	非常 同意
企业的品牌名称、标语和商标在多条渠道内是一致的	○	○	○	○	○
企业多条渠道对于产品的描述是一致的	○	○	○	○	○
企业多条渠道销售的产品价格是一致的	○	○	○	○	○
企业多条渠道中的促销信息是一致的	○	○	○	○	○
企业多条渠道提供的服务形象是一致的	○	○	○	○	○
企业多条渠道提供的服务水平是一致的	○	○	○	○	○

8. 多渠道互补性 [矩阵量表题]

	非常 不同意	不同 意	一般	同意	非常 同意
企业运作系统支持线上购买实体店提货、退货或维修	○	○	○	○	○
企业线上渠道为实体店消费者提供 24 小时服务	○	○	○	○	○
企业通过线上渠道销售一些特殊产品（实体店销量小或针对特定用户的产品等）	○	○	○	○	○
企业线下渠道能为消费者提供产品体验服务	○	○	○	○	○

9. 多渠道协作性 [矩阵量表题]

	非常 不同意	不同意	一般	同意	非常 同意
企业运作系统支持用户通过线上渠道查询线下渠道产品销售信息	○	○	○	○	○
企业运作系统支持根据用户订单跨区发货	○	○	○	○	○
企业运作系统支持用户获得的积分、优惠券，在各条渠道都可以使用	○	○	○	○	○
企业运作系统支持用户不同支付方式（在线支付、货到付款、实体店自提支付等）	○	○	○	○	○
企业运作系统支持用户通过线上渠道查询线下渠道地址、联系方式	○	○	○	○	○
企业多条渠道提供的服务水平是一致的	○	○	○	○	○

10. 多渠道共享性 [矩阵量表题]

	非常不同意	不同意	一般	同意	非常同意
企业运作系统支持各条渠道库存信息共享	○	○	○	○	○
企业运作系统支持各条渠道物流信息共享	○	○	○	○	○
企业运作系统支持各条渠道用户订购信息共享	○	○	○	○	○

控制变量测量题项

11. 供应商依赖 [矩阵量表题]

	非常不同意	不同意	一般	同意	非常同意
依靠其主要供应商	○	○	○	○	○
主要供应商是难以替代的	○	○	○	○	○
失去主要供应商将会付出很大的代价	○	○	○	○	○
大部分生意是和几个主要的供应商一起做的	○	○	○	○	○

12. IT 规划能力 [矩阵量表题]

	非常不同意	不同意	一般	同意	非常同意
拥有强大的技术支持人员	○	○	○	○	○
了解 IT 应用程序可能带来的好处	○	○	○	○	○
有足够的信息技术知识	○	○	○	○	○
有可靠和最先进的订单处理系统	○	○	○	○	○

调节变量测量题项

13. 服务能力 [矩阵量表题]

	非常不同意	不同意	一般	同意	非常同意
企业能够准时交货	○	○	○	○	○
企业能保障货物不受损	○	○	○	○	○
企业能为顾客提供货物跟踪服务系统	○	○	○	○	○

14. 柔性能力 [矩阵量表题]

	非常不同意	不同意	一般	同意	非常同意
企业有能力满足顾客非常规或特殊的要求	○	○	○	○	○
企业有处理突发事件的能力	○	○	○	○	○
企业能为顾客提供灵活的操作程序和系统	○	○	○	○	○
企业能为顾客提供完备的退换货物流服务	○	○	○	○	○

中介变量测量题项

15. 组织柔性

	非常不同意	不同意	一般	同意	非常同意
企业领导层对环境变化的反应速度很快	○	○	○	○	○
企业领导层对新环境适应所花费的时间很短	○	○	○	○	○
企业将现有知识应用于特定问题和任务的能力很强	○	○	○	○	○
企业总能将已有知识有效归类保存以供未来使用	○	○	○	○	○
企业能够定期或不定期地推出新产品或服务	○	○	○	○	○
企业设备、资产改为其他用途平均需要花费的时间很短或费用很少	○	○	○	○	○
企业员工能较快地适应另一项工作（任务）	○	○	○	○	○

因变量测量题项

16. 企业绩效 [矩阵量表题]

	非常不同意	不同意	一般	同意	非常同意
企业顾客保有率提高	○	○	○	○	○
企业销售额提高	○	○	○	○	○
企业利润率提高	○	○	○	○	○
企业投资回报率提高	○	○	○	○	○
企业总体财务绩效提高	○	○	○	○	○